現代中國語 音韻論

현대 중국어 음운론

이해우 지음

신아사

現代中國語 音韻論

머리말

이 책은 중국어를 전공하거나 중국어 음운론에 관심이 있는 학생들을 위해 만들었다. 그간 현대중국어 음운론에 대해 한국에서는 중국이나 미국에서 펴낸 서적을 번역하는 수준에 머물러 있었다. 이 책은 가능하면 중국어 용어와 함께 한국에서 보편적으로 사용하는 언어학 용어를 사용하여 중국어문학과 학생이나 일반 언어학 연구자 모두 알기 쉽게 해설하고자 노력하였다.

그간 출간된 중국어 음운론 서적을 보면 대부분 아직 중국의 전통적인 방법론에 머물고 있는 경향이 강하다. 이 책은 중국의 전통 음운론 분석 방법은 물론 현재 미국 언어학계와 우리나라 국어학계에서 유행하고 있는 생성음운론을 바탕으로 분석하였다. 발음을 표기할 때 한어병음뿐만 아니라 국제음성기호를 사용하여 기저음(underlying sound)과 표면음(surface sound)의 음운변화를 기술하였다. 그리고 음절구조 분석에서 선동적 분석법과 최근의 2000년에 발표한 Duanmu의 이론까지 소개하고 있다.

아무쪼록 이 책을 통해 현대중국어 음운론에 대해 폭넓은 이해가 있길 희망한다.

2013년 1월 10일

이해우 배상

목차

현대중국어 음운론

現代中國語 音韻論

1. 들어가는 말

1.1. 언어, 언어학, 그리고 중국언어학

언어학은 인간의 언어를 연구하는 학문이다. 침팬지와 같은 고등동물도 자신들 나름대로의 간단한 언어를 갖고 있지만 인간만큼 복잡하고 체계적이지는 않다. 언어연구는 인간에 관한 연구라고 말해도 과언은 아니다. 기타 동물이 추종할 수 없는 언어를 인간이 소유하였으므로 언어에 대한 연구는 인간 고유의 특징을 살피는 연구라고 할 수 있다.

언어(language)는 말이라는 존재 자체를 가리키고, 언어학(linguistics)이란 이 언어를 연구하는 것을 말한다. 다시 말해 언어는 실체이며 존재이고 언어학은 그 실체와 존재에 대한 연구행위이다. 세계에는 약 6,000개의 언어가 있다고 한다. 세계 여러 언어들에 내재된 공통된 특징을 살피는 것을 일반언어학(general linguistics)이라고 한다. 그리고 각 국가 혹은 지역에서 사용되는 한 언어를 연구하는 것을 특수 언어학(specific linguistics)라고 한다.

일반언어학은 특수 언어 속에 내재된 공통인수를 바탕으로 연구가 이루어지고 특수 언어학은 일반언어학의 도움으로 한층 발전하게 되므로 둘의 관계는 상호 보완적이다. 중국어를 연구하는 학문을 중국언어학이라고 하며 하나의 특수 언어학 부류에 속하지만 일반언어학의 보편성 속에서 연구하고, 타 언어에 존재하지 않는 부분을 또한 분석하게 된다.

1.2. 한어(漢語)와 보통화(普通話)

우리나라와 일본에서 쓰이는 중국어(中国语)라는 용어는 중국 본토에서는 보통 한어(汉语)라 칭한다. 그 이유는 중국에는 56개의 민족이 살고 있어 거의 각 민족은 자신들의 고유한 언어를 갖고 있다. 물론 만주어(满洲语)나 회어(回语)와 같이 옛날에는 쓰였지만 지금은 거의 사라지고 한어만 쓰는 경우도 있다.

중국 국경 내에 살고 있는 55개 소수 민족의 언어와 구별하고 동시에 비록 한족이 중국 인구의 약 94%를 차지하지만 한족의 언어가 중국 전체의 언어를 반영하지 않는다는 의미에서 중국의 언어 즉 중국어가 아닌 한족(汉族)이 사용하는 언어 즉 한어(汉语 Hànyǔ) 라는 용어를 쓰고 있다고 볼 수 있다.

중국에서는 너무나 많은 방언이 존재하고 있다. 많고 많은 방언을 학자마다 의견이 다르지만 전통적으로 7대 방언군(方言群)으로 크게 구별한다. 각기 다른 방언군을 구사하는 사람들은 상호 의사소통 면에서 마치 영어와 독일어를 말하는 사람이 거의 의사가 소통되는 않는 상황과 비슷하게 구두어(口头语 입말)로 의사소통하는데 불편함을 느낀다.

방언의 벽을 허물고자 중국 정부는 1949년 10월 1일 중화인민공화국(中華人民共和国)을 개국한 이후 각기 다른 방언을 구사하는 사람이라도 의사를 통할 수 있는 공통어를 보급하는데 대대적인 노력을 가하였다. 이 공통어를 '보통화(普通话 pǔtōnghuà)'라 칭하는데 보통화의 기준은 어휘는 북방어(北方语)를 기본으로 하고, 음운은 북경어(北京语)를 표준으로 삼으며, 문법은 문인(文人)의 저작(著作)을 기준으로 삼고 있어 규범적인 측면이 강하다.

1.3. 소학(小學)과 중국언어학(中國言語學)

중국에 대한 문화, 언어, 정치, 경제, 지리 등등 중국의 모든 분야를 연구하는 지역학을 '중국학(中国学)' 혹은 '한학(汉学)'이라 한다. 영어로 중국학을 뜻하는 'Sinology'라는 용어는 최초로 중국을 통일한 진(秦)의 발음과 유사한 'chin-a'의 라틴어 'sin-a'와 '논리' 및 '학문'을 뜻하는 'logic'이 결합된 말이다.

전통적으로 중국에서는 중국언어학을 '소학(小学 small study)'라 칭했다. '큰 배움'이 아닌 '작은 배움'이라는 뜻이다. 전통적인 중국의 학문의 경향은 경학(经学)을 최고의 학문으로 취급하였는데, 소학은 단지 경학을 연구하는 치학도구일 뿐 독립된 학문으로 보지 않았다. 섬세한 언어학적 지식을 이용하여 경학의 말 속에 담긴 미묘한 뜻을 피헤치고자 했다. 소학은 오늘날의 중국언어학으로 전통적으로 음운(音韻)을 연구하는 성운학(声韻学 phonology), 자형(字形)을 연구하는 문자학 (文字学 study of characters), 의미(意味)를 연구하는 훈고학(训诂学 semantics)을 포괄하여 칭하였다.

현재 중국언어학 이론은 서양의 일반언어학의 영향으로 많은 발전을 해왔다. 전통적인 소학 속에서 문법(중국어에서는 语法이라는 용어를 사용한다) 분야는 허사(虚词) 연구 위주로 진행되었지만 서양문법 이론의 영향으로 중국어문법 이론 연구가 본격적으로 시작되었다. 모든 언어의 연구가 그렇듯 중국어 연구에도 기본적인 언어학 이론 지식이 바탕이 되어야 보다 심도 있는 연구가 가능하고 일반 언어학 학도들도 이해할 수 있을 것이다.

1.4. 음성학(音聲學)과 음운론(音韻論)

음성학(音声学 phonetics)은 인간이 발음할 수 있는 음성에 대해 연구하는 학문이다. 그러므로 세계의 모든 언어가 대상이며 어느 한 언어에 하나의 음성이 있고 없고 간에 모든 인간의 음성을 연구대상으로 삼는다. 예를 들어 한국어에는 없고 영어에는 존재하는 [f], [θ] 음성도 음성학의 연구대상이 된다. 음성학의 연구 분야는 아래 세 가지로 나뉜다.

(1) 조음음성학(調音音聲學 articulatory phonetics)

음성이 조음(调音)되는 자리와 방법 즉, 조음 자리(place of articulation)와 조음 방법(manner of articulation) 등 음성 기관에서 조음되는 음성의 특징을 연구한다. 조음이란 음을 조절 혹은 조정한다는 뜻으로 단순히 음을 내보낸다는 뜻인 발음(发音)이라는 용어보다 조음(调音)이라는 용어를 선호하는 이유는 일반적으로 소리를 내는 것은 구강 혹은 비강의 일정한 조음점에서 음이 조절되어 나오기 때문이다.

(2) 음향음성학(音響音聲學 acoustic phonetics)

소리의 물리적 특징을 바탕으로 주파수(周波數 frequency)나 음폭(音幅 amplitude)에 의하여 소리를 분석한다.

(3) 청취음성학(聽取音聲學 auditory phonetics)

듣기 과정에 관계가 되며 뇌 작용에 의한 듣기의 인상(sensation of hearing)에 관심을 둔다. 가령 소리의 높이, 세기(강도), 길이, 소리의 질 등이 우리의 경험 심리학적 방법에 의하여 식별된다.

일반적으로 일반 언어학 분야에서 음성학 연구는 첫 번째의 조음음성학에 그 중심을 두고 있다. 본서의 주된 분석도 그러하다.

발성은 허파에서 나오는 내쉬는 숨(날숨)에 의해 만들어진다. 따라서 허파(폐)는 공기가 움직이는 출발지이며 입 밖으로 나오기까지 여러 가지 소리가 나올 수 있는데, 이들 소리를 낼 수 있는 기본적인 중요한 변수는 아래 세 가지에 달려 있다.

(i) 목청(즉 성대 声帶)이 떨리느냐

(ii) 어느 부위에서 발음되느냐

(iii) 어떠한 방법으로 소리를 내느냐

위와 같이 세 가지 주요 변수에 따라 다양한 소리가 만들어 진다. 즉 발성은 호흡을 타고 나와서 내쉬는 숨을 입안 어디선가 적당히 어떻게 막아서 낸다. 이것을 연구하는 것이 바로 조음 음성학이다. 일반적으로 조음 음성학은 발성 위치와 발성 방법에 따라 말소리를 두 가지로 분류한다.

음성학과 음운론은 모두 사람의 소리를 연구하는 과학이다. 음성학은 인류의 말소리를 연구하지만 음운론은 개별 언어를 연구 대상으로 삼는다. 음성학의 연구 대상은 사람이 발음할 수 있는 음성이 모두 대상이 되지만 음운론은 어느 특정 언어의 소리구조를 연구하므로 한 언어 속에서 일어나는 소리에 대한 규칙을 연구하는 학문이다.

음성학이 모든 세계 언어를 연구대상으로 삼지만 음운론은 어느 한 언어만을 연구대상으로 삼으므로 영어에 존재하는 [f], [θ] 음성이나 중국어에 존재하는 권설음 zh[tʂ,] ch[tʂh], sh[ʂ], r[r] 등은 한국어 음운론에서 연구대상이 되지 않는다. 하지만 음운론도 음성이 연구 대상이므로 음성학을 출발점으로 삼아 연구해야 한다. 가령 영어의 [f], 중국어의 권설음(捲舌音) zh[tʂ]는 그들 언어에서 의미를 변별(辨別)하는데 사용되는 음성이지만 우리말에서는 그렇지 않아 국어 자음 목록에서 빠져 국어 음운론에서는 배우지 않는다. 그러나 우리는 이들 모든 발음이 인류의 말소리이기 때문에 음성학에서는 충분히 연구의 대상이 되고 있으며 영어나 중국어에서는 어엿한 하나의 자음 목록으로 취급받아 이들 언어의 음운론 연구 대상이 되고 있다.

1.5. 음운론(韻音論), 음운학(音韻學) 혹은 성운학(聲韻學)

우리나라 언어학계에서는 영어의 'phonology'를 음운론이라는 용어로 번역되어 사용되고 있다. 한편 중국 본토에서는 음운학(音韻学)이라는 용어를 사용하여 '론(论)' 대신 '학(学)'이 쓰인다. 대만에서는 종종 성운학(声韻学)이라고도 한다.

성운학은 소학(小学 small study)의 일부분으로 취급해왔다. 성운학의 개념은 약간 애매한데 한자음을 분석하는데 있어서 '성(声)'은 성모(声母) 혹은 성뉴(声紐)를 나타내고 '운(韻)'은 운모(韻母)를 나타낸다. 보통 '운(韻)' 속에 성조(声调)도 포함되어 있어 중국어 음운론을 대만에서는 성운학(声韻学)이라 하기도 한다. 그러나 본 책에서는 한국의 일반 언어학계에서 보편적으로 사용되는 음운론이란 용어를 사용하겠다.

1.6. 고대중국어 음운론과 현대중국어 음운론

언어 연구는 통시적 연구(通時的 研究 diachronic study)와 공시적 연구(共时的 研究 synchronic study)로 나눌 수 있다. 통시적 연구는 역사적 연구라고도 칭하는데, 언어의 기원과 변천에 대한 연구이다. 공시적 연구는 어느 한 시대의 언어를 연구하는 것으로 보통 현대 언어학 연구를 지칭한다. 그러므로 고대 언어학은 통시적 연구에 속하여 고인(故人)들이 어떠한 언어를 사용하였는가를 각종 문헌을 통해 연구하게 된다.

공시적 연구이든 통시적 연구이든 지역에 따른 언어의 차이점(방언의 차이라고 해도 좋겠다)이 생길 수 있기 때문에 각 시대와 지역에 따라 무수히 많은 연구대상을 찾을 수 있겠다. 물론 현대를 다루는 공시적 연구는 표준어와 방언 분야로 나뉘어 연구를 하고 있다. 실용성에서 표준어는 물론 중요하지만 학자들에겐 표준어든 사용 인구가 몇몇 되지 않는 아주 작은 일개 방언이든 모두 소중한 연구대상이다. 모두 각각의 고유한 특징과 의미가 있으며 역사적 변천과 상호 관계를 연구하는데 무시하지 못할 자료가 될 수 있기 때문이다.

고인들은 이미 작고한 상태이고 고인들의 언어가 녹음으로 남아있는 것도 아니므로 당시의 발음체계가 어떠하였는가를 살펴보려면 언어와 관련된 문헌자료를 분류하고 정리하며 분석한다. 특히 한자는 소리보다는 의미를 나타내는 표의문자(表意文字)인 까닭에 고대인들의 음운을 연구하는데 많은 난점이 있다. 그러므로 고대중국어의 음운체계를 나타내기 위해 우리는 현대적인 음성기호와 최첨단의 현대 언어학적 이론을 도입하여 고대인들의 언어구조가 어떠하였는가를 재구하고 있다.

현대중국어 음운론은 현재 중국인들이 사용하는 발음을 바탕으로 그 구조를 체계적으로 나타내는 연구이다. 중국은 주지하다시피 많은 방언이 산재하고 있다. 각기 다른 방언들의 언어 구조를 연구하는 것은 공시적 연구에 속하며 통시적으로 역사적 변천과 친속관계를 연구하는데 방언은 중요한 역할을 담당한다. 방언은 멀리 옛날 하나의 조상에서 분화된 자손들의 언어이기 때문이다.

2. 표음부호(表音符号)

한 언어의 발음을 연구하기 위해서는 그것을 기록할 수 있는 부호가 필요하다. 한국어를 기록하는 한글은 거의 발음하는 그대로 표음(表音)하는 기능을 가진 문자이지만 중국어의 문자인 한자(汉字 Hànzì)는 소리를 짐작할 수 있는 성부(声符, 音符라고도 함)를 지닌 형성자(形声字)를 가지고 있으나 완벽한 표음 기능은 없으므로 중국어를 학습하는데 표음부호를 마스터하는 것은 상당히 중요하다. 현재 중국에서 사용하고 있고 한국은 물론 세계 각국에서 중국어를 공부하는데 있어서 가장 널리 보급된 중국어 표음 부호는 '한어병음방안(汉语拼音方案 Hànyǔ pīnyīn fāngàn)'이다. 잠시 표음부호의 발전 과정을 약술하고 국제음성기호(IPA, International Phonetic Alphabet)를 소개하겠다.

어느 한 나라의 음운을 정확히 기술하려면 아무리 발달된 표음문자라도 부족한 점이 있어 국제음성기호를 보통 이용한다. 중국어 음운 연구에도 한어병음으로만 이용하여 기술하면 그 섬세한 음성의 차이를 밝힐 수 없다. 더구나 중국어를 모르는 사람이라도 알아볼 수 있는 국제적으로 공인된 국제음성기호를 사용하지 않으면 안 된다.

2.1. 직음(直音)과 독약(讀若)

직음(直音)은 어려운 한자에 대해 독자가 그 음을 알 수 없을 것이라고 가정하고 편리를 제공하는 차원에서 같은 음으로 주(注)를 달아주는 방법이다. 예를 들어 경전(经典) 주석(註釋)이나 자신의 저서에서 벽자(僻字 어려운 한자)로 여기는 모자(某字)에 대해 같은 음을 달아주는 것으로 'A音B'의 형태로 'A는 B로 발음한다'라는 뜻이다. 예를 들어 송대(宋代)《구경직음(九经直音)》에 아래와 같은 예가 있다.

薄音博(박음박): 薄의 음은 博이다
饭音反(반음반): 饭의 음은 反이다
华音化(화음화): 华의 음은 化이다

위의 예가 바로 직음 방법을 이용한 것이다. 직음 방법은 간단하고 이해하기 쉬워 오랫동안 이용되었다. 이들 직음 자료를 통해 당시의 어음을 추측할 수 있다.

독약(读若)은 'A读若B'의 형태로 'A는 B와 같이 읽는다'라는 뜻이다. 독약(读若) 대신 독위(读为)라는 용어가 사용되기도 하였다. 한대(汉代) 학자들은 음이 비슷한 한자로 상호 주음(注音)하는 경향이 있었다. 예를 들어 한대(汉代)의 대표적인 자전(字典)인《설문해자(说文解字)》에 아래와 같은 예가 보인다.

婪读若潭(람독약담) : 婪은 潭처럼 읽는다
坴读若逐(륙독약축) : 坴은 逐처럼 읽는다

한대(汉代)는 상고음(上古音)에 속한다. 한대보다 후대에 속하며 중고음(中古音)을 나타내고 있는 수당(隋唐) 시대의 '람(婪)'과 '륙(坴)' 성모는 [l-]이었고 '담(潭)'과 '축(逐)'의 성모는 [d-]이다. 이로 보아 한대(汉代)에는 [dl-]이란 성모가 있었을 가능성이 있다. 중고음에는 복성모(複声母, 성모 위치에 두 개의 자음이 나타남)가 존재하지 않았지만 위와 같은 예를 통해 상고음에는 복성모가 존재한다고 학자들은 보고 있다.

직음(直音)과 독약(读若)은 반절(反切)이 나오기 전에 사용되었던 표음 방법으로 한자 자체가 워낙 많고 그 음과 뜻을 다 알기 어려워 독자에게 서비스 차원에서 제공된 것으로 볼 수 있다. 직음과 독약은 모두 기록 당시의 음을 재구하는데 유용한 자료가 되고 있다.

2.2. 반절(反切)

한대(汉代)부터 20세기 초 주음부호(注音符号 Zhùyīn fúhào)가 사용되기까지 2천여 년 동안 중국에서 가장 오랫동안 발음 표기로 사용되었다. 반절 방법은 두 글자의 발음을 결합하여 한 글자의 발음을 나타낸다. 예를 들어 '东德红切(직역: '东'자는 '德'과 '红'을 잘라낸다)'의 예를 들어 보자.

东 [tuŋ]: 德 tək – 성모 [t-]를 취한다
红 ɣuŋ 平声 – 운모 [-uŋ]과 성조 平声을 취한다

'동(东)'자의 중고음(中古音) 발음 [tuŋ]은 '덕홍(德红)' 반절자 가운데 앞 글자 성모 [t-]와 뒤 글자 운모 [uŋ] 및 성조 평성(平聲)을 취해 합성하여 발음하라는 뜻이다. 반절은 '东德红切'과 같은 형태로 운서(韻书)에 나타나고 있는데, '동(东)'자와 같이 반절을 받는 자를 피절자(被切

字)라고 하고, '德'자와 같이 반절자 앞에 있는 자를 반절상자(反切上字)라고 하며, '红'자와 같이 반절자 뒤에 있는 자를 반절하자(反切下字)라고 한다.

반절을 모아 놓은 책이 운서(韻书)로 현전하는 중국 최초의 운서는 육법언(陸法言)의 《절운(切韻)》(601년)으로 중고음(中古音)을 반영하고 있다. 《절운(切韻)》은 계속 수정 보완되었으며 《절운(切韻)》계통(系统)의 운서(韻书)로 가장 대표적인 것으로 송대(宋代)의 《광운(广韻)》이 있다. 이후 주음부호가 나오기 전까지 온갖 운서에는 반드시 반절이 있으며 이 반절을 바탕으로 우리는 보다 현대적인 음운 지식을 이용하여 당시의 음가를 재구할 수 있다.

2.3. 주음부호(注音符號)

주음부호는 1918년 국민당 정부 시절에 공포된 중국어 표음부호이다. 한대(汉代)부터 약 2천년 동안 중국은 반절을 이용하여 한자에 대한 표음 도구로 사용하였다. 반절에 비해 주음부호의 표음 방법은 훨씬 발달된 것이다. 중국 대륙은 1949년 10월 1일 모택동이 정권을 잡은 이후 한어병음방안이 공포되기 전인 1950년대까지 주음부호를 사용하였다. 대만은 지금도 주음부호를 정식적인 중국어 표음부호로 사용하고 있다. 대만의 표준 중국어를 '국어(国语)'라고 칭하며, 중국과 다르게 간체자를 사용하지 않고 있다.

2.3.1. 성모(聲母)

성모는 아래와 같이 21개 자모(字母, 음성부호라는 뜻)가 사용되고 있다.

순음(唇音)	ㄅ(b)	ㄆ(p)	ㄇ(m)	ㄈ(f)
설첨음(舌尖音)	ㄉ(d)	ㄊ(t)	ㄋ(n)	ㄌ(l)
설치음(舌齒音)	ㄗ(z)	ㄘ(c)	ㄙ(s)	
설면음(舌面音)	ㄐ(j)	ㄑ(q)	ㄒ(x)	
권설음(捲舌音)	ㄓ(zh)	ㄔ(ch)	ㄕ(sh)	ㄖ(r)
설근음(舌根音)	ㄍ(g)	ㄎ(k)	ㄏ(h)	

성모 가운데 한어병음의 설치음(舌齒音) zi, ci, si와 권설음(捲舌音) zhi, chi, shi, ri는 모음 부분이 표기되어 있지만 주음부호에서는 모음의 부분이 달리 명기가 되지 않은 ㄗ, ㄘ, ㄙ와 ㄓ, ㄔ, ㄕ, ㄖ로 표기하고 있다. 다른 모음과 결합될 경우에는 在 ㄗㄞˋ, 草 ㄘㄠˇ, 三 ㄙㄢ, 这 ㄓㄜˋ, 唱 ㄔㄤˋ, 声 ㄕㄥ, 如 ㄖㄨˊ 등과 같이 성모 뒤에서 모음의 음가가 표기된다. 이러한 전통적인 주음부호 표기 방법에 익숙해진 대만인들은 대만국어(台湾 国语)를 배울 때 단독으로 표기되는 ㄗ, ㄘ, ㄙ와 ㄓ, ㄔ, ㄕ, ㄖ는 모음이 아예 없는 것으로 오인하고 있는 경우도 있다. 사실 '중국어는 하나의 한자는 하나의 음절로 이루어졌다'는 사실은 불변의 원칙으로 하나의 음절을 이루려면 자음만으로는 불가능하고 모음이 동반되는 것이 일반적인 현상이다.[1]

1 음성학적으로 자음이 하나의 음절을 이룰 수 있는 것으로는 'l, m, n, ŋ' 등 네 가지 자음이 있는데, 이들은 다른 자음에 비해 共鳴度가 높아 共鳴音으로 불리며 홀로 음절 구성이 가능하다. 예를 들어, 영어의 little [litl̩], bottom [batm̩], curtain [kəːtn̩], 대만어의 '傍'字에 해당되는 白话音 pŋ7과 같은 것들을 들 수 있다. 현대 중국어에서는 嗯 ng [ŋ], 哼 hng [xŋ]과 같이 설근비음 [ŋ]이 음절을 이루는 경우가 있으나 의성어에나 나타나므로 보편적이라고 볼 수 없다.

2.3.2. 운모(韻母)

운모의 성격에 따라 주음부호(注音符号)와 한어병음(汉语拼音)의 표기를 살펴보면 아래와 같다.

단모음(单母音): ㄧ(i), ㄨ(u), ㄩ(ü), ㄚ(a), ㄛ(o), ㄜ(e)
이중모음(二重母音): ㄧㄚ(ia), ㄨㄚ(ua), ㄨㄛ(uo), ㄧㄝ(ie), ㄩㄝ(ue), ㄞ(ai), ㄟ(ei), ㄠ(ao), ㄡ(ou)
삼중모음(三重母音): ㄨㄞ(uai), ㄨㄟ(uei), ㄧㄠ(iao), ㄧㄡ(iou)
비운모(鼻韻母): ㄢ(an), ㄧㄢ(ian), ㄨㄢ(uan), ㄩㄢ(üan), ㄣ(en), ㄧㄣ(in), ㄨㄣ(uen), ㄩㄣ(ün), ㄤ(ang), ㄧㄤ(iang), ㄨㄤ(uang), ㄥ(eng), ㄧㄥ(ing), ㄨㄥ(ong), ㄩㄥ(iong)
권설모음(捲舌母音): ㄦ(er)

위에서 보듯이 주음부호는 운모 표기에 있어서 ㄞ(ai), ㄠ(ao), ㄤ(ang), ㄟ(ei), ㄡ(ou), ㄢ(an), ㄣ(en), ㄥ(eng) 등과 같이 두 개의 분절음을 단 하나의 자모로 나타내고 있어 한 음절을 표기하는데 한어병음보다 훨씬 자모의 수가 줄어든다. 그러므로 'ㄤ(ang)'과 'ㄥ(eng)' 같은 운모는 단 한 개의 자모로 나타내고 한어병음은 세 개의 자모로 나타내고 있으며 실제 음가, 즉 음성적 표기는 두 개의 자모를 사용 각각 [ɑŋ], [əŋ]으로 나타낸다. 운모를 나타내는 字母의 수는 한어병음의 경우 'iang', 'uang'과 같이 4개까지 존재하지만 주음부호는 ㄧㄤ(iang), ㄨㄤ(uang)과 같이 많아야 두 개를 넘지 않는다. 각각의 주음부호가 지닌 고유의 음가는 다른 음가와 결합할 경우 한어병음에서는 달리 표기된다. 예를 들면 아래와 같다.

	주음부호	한어병음
ㄧㄣ :	ㄧ[i] + ㄣ[ən]	in
ㄩㄣ :	ㄩ[ü] + ㄣ[ən]	un(설면성모 뒤) 혹은 yun(영성모에서)
ㄨㄥ :	ㄨ[u] + ㄥ[əŋ]	ong

한어병음의 'e' 자모는 주음부호에 ㄜ(e), ㄧㄝ(ie), ㄟ(ei)에서 보듯이 세 개의 자모로 나타내고, 한어병음 'o'의 경우는 ㄛ(o), ㄠ(ao), ㄡ(ou), ㄨㄥ(ong)에서 보듯이 무려 네 개나 사용되는 번잡성을 띠고 있다.

주음부호(注音符号)는 음절문자(音节文字)이다. 즉 ㄞ ai, ㄠ ao, ㄤ ang, ㄟ ei, ㄡ ou, ㄢ an, ㄣ en, ㄥ eng와 같이 하나의 문자가 하나의 음절단위를 표기할 수 있기 때문이다. 그러므로 음소문자인 한어병음보다 덜 발달된 것으로 봐야 한다. 더구나 주음부호는 외국인은 물론 자국인에게도 낯선 문자로 따로 배워야 하는 불편함이 있다.

한 음절을 나타내는 자모의 수를 살펴보면 주음부호의 자모(字母)는 가장 적게는 資 ㄗ, 疵 ㄘ, 思 ㄙ, 知 ㄓ, 吃 ㄔ, 诗 ㄕ, 日 ㄖ와 같이 한 하나의 자모를 사용하는 경우가 있고, 길어야 庄 ㄓㄨㄤ, 窓 ㄔㄨㄤ, 双 ㄕㄨㄤ과 같이 세 개로 구성된다. 반면 한어병음의 자모는 가장 적게는 한 개로 하나의 모음이 주요모음으로 구성된 단모음인 俄 è와 같은 경우이며, 가장 많은 자모의 수는 6개를 사용하는데, 예를 들어 庄 zhuāng, 窓 chuāng, 双 shuāng 등을 들 수 있다. 성모를 나타내는 경우 주음부호에서는 21개 어느 성모이든 하나의 부호로 나타내고 있으며, 한어병음에서도 대부분 하나의 자모가 하나의 자음을 나타내지만 권설음은 예외로 'r' 이외에는 'zh, ch, sh'에서처럼 'h'가 덧붙여져 성모 표기에 대해 두개의 자모를 사용하고 있다.

2.3.3. 성조(聲調) 표기(表記)

주음부호의 성조 표기는 한어병음과 약간 다르다. 먼저 표기 위치는 한어병음은 주요모음 위에다 표시하지만 주음부호는 음절 바로 뒤에다 표시한다.

성조	例字	주음부호	한어병음
1성	忽	ㄏㄨ	hū
2성	湖	ㄏㄨˊ	hú
3성	虎	ㄏㄨˇ	hǔ
4성	护	ㄏㄨˋ	hù
경성	窗戶	ㄏㄨ˚	hu

('窗戶 chuānghu 창문'의 두 번째 음절 '戶'가 경성에 해당된다)

위에서 보듯이 주음부호 표기에서 1성은 아무런 표시를 하지 않으며 2성은 [ˊ], 3성은 [ˇ], 4성은 [ˋ], 경성은 동그란 점 [˚]로 나타낸다. 한어병음에서는 성조는 반드시 주요모음 뒤에다 표시하며 1성은 [¯], 2성은 [ˊ], 3성은 [ˇ], 4성은 [ˋ]로 나타낸다. 주음부호는 1성에, 한어병음은 경성에 아무런 표기를 하지 않으므로 상호 혼동하여서는 안 된다.

2.4. 한어병음방안(漢語拼音方案)

한어병음방안은 중국 대륙에서 표준으로 널리 보급하고 있는 보통화의 발음체계를 기술하는 표음방안이다. 1949년 10월 1일 모택동이 중국 대륙을 통일한 후 중국어를 널리 보급시키기 위한 일환으로 여러 학자들을 동원하여 만든 걸작이라고 볼 수 있다. 그간 중국에서는 주음부호(注音符号)가 사용되었으나 그 결점을 보완하고 세계적으로도 수용될 수 있는 표음 방안이 필요하였다.

주음부호는 ㄢ[an], ㄤ[aŋ]와 같이 하나의 부호가 두 개의 음소를 나타내는 음절문자라면 한어병음은 음소문자이다. 그만큼 한어병음은 주음부호보다 훨씬 정확히 음을 나타내고 있고 세계적으로 가장 널리 사용되고 있는 라틴문자를 이용하고 있다. 세계 문자 발달 단계에서도 라틴문자와 한글과 같은 음소문자는 일본의 히라가나 혹은 가다가나와 같은 음절문자보다 더욱 발전된 문자로 보고 있다.

한어병음방안을 만들어낸 동기는 국내적으로 너무나 많은 인민들이 문맹률(文盲率)이 높아 발음부호를 통해 문자를 익히고 표음문자로 한자를 표기하려는 운동의 경험을 모아 창안되었다고 볼 수 있다. 1958년 2월 전국인민대표대회(全国人民代表大会) 제5차 회의에서 이 방안이 통과되었다. 한어병음은 무엇보다도 국제적으로 널리 사용되는 라틴문자를 채용한 것이 최대 장점이다. 주음부호는 중국 자체적으로 만든 문자이므로 특별히 그 문자를 익혀야 하는 불편함이 있다. 또한 라틴문자의 a에서 z까지 26개 문자 가운데 v를 제외한 25개 문자를 활용하여 각종 보통화의 자음과 모음을 모두 원활하고 합리적으로 표기하려는 노력이 돋보인다.

2.4.1. 한어병음의 일반 규칙

(1) 설치음 'zi, ci, si', 권설음 'zhi, chi, shi, ri', 설면음 'ji, qi, xi'는 모두 '-i'로 표기하지만, 설치음은 [ɿ], 권설음은 [ʅ], 설면음은 [i]로 각기 발음된다. 즉 국제음성기호로 설치음 'zi[tsɿ], ci[tshɿ], si[sɿ]', 권설음 'zhi[tʂʅ], chi[tʂhʅ], shi[ʂʅ], ri[ɽʅ]', 설면음 'ji[tɕi], qi[tɕhi], xi[ɕi]'로 각기 표기할 수 있다.

(2) ‘儿’는 ‘er’로 쓰지만 어미(語尾)로 사용되는 아화운(兒化韻 érhuàyùn 앞 음절에 兒 -er이 어미가 첨가되어 형성된 운)에서는 ‘r’로만 사용한다. [예] 儿童 értóng, 花儿 huār, 玩儿 wánr

(3) ü는 설면음 ‘j, q, x’와 결합되면 u로 표기한다. [예] 举 jǔ, 去 qù, 需 xū. 그러나 성모 n, l 뒤에서는 ü와 u의 대립이 있으므로 그대로 표기한다. [예] 女 nǚ : 努 nǔ, 绿 lǜ : 路 lù

(4) iou, uei, uen 앞에 성모가 있으면 iu, ui, un으로 쓴다. [예] 牛 niú, 贵 guì, 论 lùn. 그러나 자음 성모가 아니면 i는 y로 u는 w로 사용한다. [예] 又 yòu, 为 wèi, 溫 wēn.

(5) 문장의 시작과 고유명사는 대문자로 시작한다. [예] 他是学生: Tā shì xuésheng, 北京 Běijīng, 首尔 Shǒuěr, 李梦龙 Lǐ Mènglóng (姓과 이름의 시작은 대문자로 한다).

(6) y, w의 사용

① 모음 i나 u 앞에 성모가 없을 경우 i를 y로 u를 w로 표기한다.

ia → yá (牙)　ie → yě (野)

iou → yǒu (有)　iang → yāng (央)

만약 i 뒤에 다른 모음이 없으면 i 앞에 y를 첨가한다.

i → yī (衣)　in → yīn (因)　ing → yīng (英)

② u 앞에 성모가 없을 경우 u를 w로 표기한다.

uo → wǒ (我)　uei → wéi (为)

uang → wáng (王)　uen → wēn (溫)

만약 u 뒤에 다른 모음이 없으면 u 앞에 w를 첨가한다.

u → wǔ (五)

③ ü 앞에 성모가 없으면 yu로 대체한다.

ü → yū (迂)　　　üe → yuē (约)

üan → yuán (元)　ün → yùn (运)

(7) 격음부호(隔音符号)

'a, o, e'로 시작되는 음절이 기타 음절 뒤에 연접될 경우 음절의 경계 구분에 혼란을 피하기 위해 격음부호 (')를 사용한다.

天安门 Tiān'ānmén 천안문

西安 Xī'ān 서안 : 先 (xiān) 먼저

(8) 성조 표기

성조는 각각 '―, /, ∨, \'로 표시한다. 성조의 부호는 주요모음 바로 위에 표기한다. 주요모음을 찾는 요령은 아래와 같다.

1) 발음 가운데 'a'가 있으면 무조건 주요모음으로 성조부호는 그 위에 놓인다.

예) ā, ān, āng, āi, āo, -iā, -iāo, -uā, -uāi, -iān, -uān, -iāng, -uāng

2) 'o' 위에 놓이는 경우

예) ō, -ōng, ōu, -uō, -iōng

3) 'e' 위에 놓이는 경우

예) ē, ēr, ēn, ēng, ēi, -iē, -uē

4) 'i' 위에 놓이는 경우

예) -ī, -īn, -īng, -uī

5) 'u' 위에 놓이는 경우

예) -ū, -ūn, -iū

6) 'ü' 위에 놓이는 경우

예) -ǖ, -ǖn

주요모음의 선후는 저모음 [a], 중모음 [e, o], 고모음 [i, u, ü] 순이 되며, 결국 공명도(共鳴度, 소리의 울림도로 입이 크게 벌어지는 정도)에 따라 a > e, o > i, u, ü 순으로 결정된다. 만약 고모음 가운데 i, u 두 모음이 함께 나타날 경우 뒤에 있는 모음에다 성조 표시를 한다. 예를 들면, 对 duì, 六 liù와 같다.

2.4.2. 한어병음 사용시 주의 사항

1) -ü, -üe, -üan, -ün과 j, q, x, y가 서로 결합할 때는 ü의 점을 없애야 한다. 예로 ju, qu, xu, yu, juan, quan, xuan, yuan, jun, qun, xun, yun 등으로 표기 한다.
2) -i 위에 성조가 있을 때는 위의 점을 없애야 한다.

2.5. 국제음성기호와 한어병음 관계

우리가 중국어를 학습하는데 표음부호를 마스터하는 것은 상당히 중요하다. 현재 중국에서 사용하고 있고 한국은 물론 세계 각국에서 중국어 표음 기호로 가장 널리 보급된 발음기호는 '한어병음자모(汉语

拼音字母 Hànyǔ pīnyīn zìmǔ)'이다. 한어병음의 표음 방식과 국제적으로 통용되고 있는 국제음성기호(国际音声记号 IPA, International Phonetic Alphabet)와는 차이가 있다.

국제음성기호는 1888년 국제음성학회에서 공포한 표음부호인데 이후 몇 차례 증보와 수정을 거쳤다. 각 부호는 단지 하나의 음성만을 나타내는 것이 원칙으로 다른 음을 나타낼 수 없고 변화도 없다. 음의 차이를 세부적으로 나누어 각 부호로 고정시켜 배정하였다. 국제음성기호는 말 그대로 인간이 발음할 수 있고 세계 언어의 발음을 모두 아우르는 음성 표기이므로 세계 어느 언어를 기술하는데 그다지 불편은 없다. 상당히 많은 부호가 있어 한 언어를 기술하는데 그 가운데 일부만 사용될 뿐이다. 중국어의 음성과 음운을 기술하는데 이 국제음성기호에 대한 이용은 필수 불가결하다.

반면 한어병음은 현대중국어의 표준으로 삼고 있는 보통화의 발음을 표기하도록 중국 사회 안에서 약속한 것이다. 그러므로 실용성과 보급성이 그 근간을 이루며 누구나 쉽게 접근할 수 있고 자형(字形)도 되도록 타자 자판에 나오는 것만을 사용하고 있어(다만 'ü'만 예외) 국제음성기호와 같이 그렇게 생소한 문자를 사용하지는 않는다.

한어병음 자모는 로마자의 'a'에서 'z'까지 26개 자모 가운데 'v'를 제외한 25개의 문자만을 사용하여 모든 현대중국어의 음을 나타내도록 고안되었으므로 어느 때에는 하나의 자모가 여러 음을 표시하는데 사용된다. 예를 들어 한어병음의 'y'는 衣 yī /i/ 와 研 yán /iAn/과 같이 기저음 /i/를 나타낼 때와 雨 yǔ /y/와 元 yuán /yAn/과 같이 'yu'로 기저음 /y/를 나타낼 때 사용된다. 그리고 한어병음에서 'u'는 准 zhǔn /tʂun/과 庄 zhuāng /tʂhuAŋ/과 같이 기저음 /u/를 나타내기도 하지만 설면성모 居 jū /tɕy/, 去 qù /tɕhy/, 许 xǔ /ɕy/와 결합할 때는 기저음 /y/를 나타내기도 한다. 이렇듯 한어병음은 하나의 자모가 어느 때는 편의상 여러 음을 나타내는 기능을 갖도록 고안되었으므로 하나의 부호가 하나의 음가만 대표하는 국제음성기호와는 그 성격이 다르다.

현재 중국 대륙에서 사용되고 우리 한국에서도 널리 보급된 한어병음(汉语拼音 Hànyǔ pīnyīn)은 중국에서 상호 약속된 표음기호이므로 중국어를 전혀 배우지 않은 사람은 정확한 발음을 하기 위해 일정한 내부 규칙을 알아야 한다. 일반적인 음성학 상식으로 한어병음을 읽으면 중국어 본래의 소리와 맞지 않는다. 예를 들어 '办'字 한어병음이 bàn이지만 실질적으로 [pan]과 같은 소리가 난다. 한어병음의 'b'를 유성음으로 읽지 않아야 한다. 이러한 오해를 없애기 위해 한어병음과 국제음성기호의 상호 대응관계를 이해할 필요가 있다.

2.5.1. 성모(聲母)의 표기

현대중국어에서 성모의 위치에 올 수 있는 21개 자음(子音)과 국제음성기호를 나타내면 아래와 같다.

〈성모(聲母)〉

순음(唇音)	b[p],	p[ph],	m[m],	f[f]
설첨전음(舌尖前音)	z[ts],	c[tsh],	s[s]	
설첨중음(舌尖中音)	d[t],	t[th],	n[n],	l[l]
설첨후음(舌尖后音)	zh[tʂ],	ch[tʂh],	sh[ʂ],	r[r]
설면음(舌面音)	j[tɕ],	q[tɕh],	x[ɕ]	
설근음(舌根音)	g[k],	k[kh],	h[x]	

성모에 나타나는 21개 자음뿐만이 아니라 운미(韻尾, 음절의 끝부분에 나타나는 음) 부분에 설근비음 ng[ŋ]이 나타나기도 하여 보통화에

서는 22개의 자음이 존재한다. 22개 자음 가운데 m[m], f[f], n[n], l[l], s[s] 다섯 음만이 한어병음과 국제음성기호가 일치하고 기타는 모두 다르게 표시되고 있다. 그만큼 한어병음은 보통화 발음 표기상 나름대로의 체계를 따르고 있다.

현대중국어의 자음 가운데 무기장애음(无气障碍音) [p, t, ts, tɕ, tʂ, k]는 경성 위치에서 유성음화되는 현상이 있다. 예를 들면 아래와 같다.

爸爸	bàba	아빠	/pApA/ → [pA bə]
地道	dìdao	진정으로	/ti tAu/ → [ti dɑʊ]
桌子	zhuōzi	탁자	/tʂuɤ tsi/ → [tʂwo dzə]
忘记	wàngji	잊어버리다	/uAŋ tɕi/ → [wɑŋ dʑɪ]
记住	jìzhu	기억하다	/tɕi tʂu/ → [tɕi dʐʊ]
哥哥	gēge	형	/kɤ kɤ/ → [kɤ gə]

위의 예와 같이 경성(轻声)에서 무기장애음(无气障碍音) [p, t, ts, tɕ, tʂ, k]가 유성음 [b, d, dz, dʑ, dʐ, g]로 변한다. 그러므로 음성표기에 있어서 경성에서의 무기장애음의 유성음화 현상에 대한 정확한 음성기술을 파악할 필요가 있다.

2.5.2. 운모(韻母)의 표기

어느 한 언어의 음성 표기는 간략표기(简略表记 broad transcription)와 정밀표기(精密表记 narrow transcription)로 나뉠 수 있다. 각기 장단점이 있지만 여기서는 세밀한 음가의 차이점을 알기 위해 36개의 운모를 정밀표기로 묘사하겠다.

〈운모(韻母)〉

	i [i]	u [u]	ü [y]
a [A]	ia [ja]	ua [wɑ]	
o [o]		uo [wo]	
e [ɤ]	ie [je]		üe [ɥe]
er [ɚ]			
ai [aɪ]		uai [waɪ]	
ei [eɪ]		uei [weɪ]	
ao [ɑʊ]	iao [jɑʊ]		
ou [oʊ]	iou [joʊ]		
an [an]	ian [jæn]	uan [wan]	üan [ɥæn]
en [ən]	in [ɪn]	uen [wən]	ün [Yn]
ang [ɑŋ]	iang [jɑŋ]	uang [wɑŋ]	weng [wəŋ]
eng [əŋ]	ing [ɪŋ]	ong [ʊŋ]	iong [ɥʊŋ]

위의 한어병음에 대한 음성 표기는 첫째 주요모음(主要母音 main vowel)은 비음운미(鼻音韻尾) 앞에는 이완모음(弛緩母音 lax vowel)이며 기타는 모두 긴장모음(紧张母音 tense vowel)으로 표기하고, 둘째 개음(介音 medial)은 반모음(半母音 semi-vowel)으로 표기하고, 셋째 모음운미(母音韻尾)는 이완모음으로 표기하는 원칙에 따라 표기된 것이다.

3. 자음

3.1. 자음(子音)과 성모(聲母)

자음(子音 consonant)을 중국어로 '辅音(fǔyīn)'이라고 한다. 소리는 공기가 허파를 출발하여 성대를 지나 구강(口腔, 즉 입안)이나 비강(鼻腔, 즉 코 속)을 통과하면서 일정한 음가가 결정된다. 그 가운데 일정한 장애를 받아 형성되는 음이 자음이다. 한번 우리말의 'ㅋ'을 발음해 본다고 하자. 혀의 뒷부분이 여린입천장에 닿으면서 떨어지는 순간 나오는 소리가 된다. 반면 어떠한 장애도 없이 발음되는 것을 모음(母音 vowel)이라 하며 자음과 대립되는 용어이다. 이러한 자음의 성격과 용어는 어느 언어든지 같은 인식하에 똑같이 사용된다.

성모(声母)라는 용어는 중국어에서만 사용된다. 성모는 자음과 성격이 다르다. 자음(子音)은 음성학적인 용어이지만 성모는 중국의 전통적인 용어로 음절구조(音节构造)를 먼저 염두에 두어야 한다. 중국어 음절의 삼요소는 '성모(声母 initial)+운모(韻母 final)+성조(声调 tone)'로 하나의 음절구조를 발음의 흐름 순서로 설정하여 분석하고 있다. 여기서 성조는 초분절음(超分节音)으로 성모와 운모라는 분절음 위에 얹혀 있는 음이다. 성모는 바로 하나의 음절 가운데 가장 먼저 발음되는 것으로 영어로 'initial'이라고 하며 보통 자음으로 구성된다. 만약 자음이

오지 않고 모음으로 시작되는 음절은 성모 부분에 자음이 없으므로 특별히 '영성모(零聲母 zero initial)'라 칭한다.

3.2. 자음의 분류

세계 언어의 자음을 분류할 때 일반적으로 조음장소와 조음방법에 따라 크게 구분하여 서술한다. 중국어 자음에 대해 설명할 때도 이러한 두 가지 분류방법이 적용될 수 있다.

3.2.1. 조음장소(調音場所 place of articulation)에 따른 분류

발음부위, 즉 발음장소에 따라 자음을 분류할 수 있다. 분류 방법은 보통 입술에서부터 시작하여 입안 쪽을 향해 후두음까지 이어서 기술한다.

3.2.1.1. 양순음(兩脣音 혹은 雙脣音)

두 입술로 내는 소리로 현대중국어에는 [p, ph, m]이 있다.

b[p]

报 bào [paʊ] 알리다

兵 bīng [pɪŋ] 병사

p[ph]

票 piào [phjaʊ] 표

平 píng [phɪŋ] 평평하다

m[m]

民 mín [mɪn] 백성

木 mù [mu] 나무

3.2.1.2. 순치음(脣齒音)

윗니를 아랫입술에 가까이 대고 내는 소리로 [f]가 이에 해당된다.

f[f]

风 fēng [fəŋ] 바람

发 fā [fA] 발생하다

3.2.1.3. 설첨음(舌尖音)

혀끝을 대는 위치에 따라 설첨전음, 설첨중음, 설첨후음으로 나뉜다.

• 설첨전음(舌尖前音)

[ts, tsh, s]: 혀끝을 펴고 이빨에 대고 나는 소리이다.

z[ts]

作 zuò [tswo] 하다

早 zǎo [tsɑʊ] 이르다

c[tsh]

财 cái [tshaɪ] 재산

错 cuò [tshwo] 잘못

s[s]

四 sì [sɿ] 넷

松 sōng [sʊŋ] 소나무

• 설첨중음(舌尖中音)

[t, th, n, l]: 혀끝을 약간 올려 잇몸에 대고 나는 소리이다.

d [t]

德 dé [tɤ] 덕

大 dà [tA] 크다

t [th]

特 tè [thɤ] 특별하다

体 tǐ [thi] 몸

n [n]

南 nán [nan] 남쪽

念 niàn [njæn] 읽다

l [l]

来 lái [laɪ] 오다

老 lǎo [laʊ] 늙다

• 설첨후음(舌尖后音)

권설음(捲舌音) 혹은 교설음(翹舌音)이라고도 하며, 혀를 최대한 입천장 뒤로 올려 발음하는 소리이다. 국어의 'ㅈ, ㅊ' 소리와 영어의 [ʧ], [ʃ] 소리와 같이 혓날을 윗잇몸과 경구개 사이에 대고 내는 치경구개음(齿莖口盖音 alveo-palatal)보다 좀더 뒤쪽에서 혀를 치켜올려 발음한다.

권설음이란 용어는 '혀를 말아 올리는 음'이란 뜻으로 사실 조음부위가 아닌 조음방식이므로 기타 용어와 어울리지 않지만 전통적으로 이 용어를 사용하여 지금도 습관적으로 사용하고 있다. 하지만 사실 설첨후음은 혀를 마는 것이 아니라, 혀만 치켜 올려 뒤로 향하게 하므로 '치켜들다'의 뜻을 지닌 '교설음(翹舌音)'이 오히려 더 정확한 용어일 것이다. 여기서는 기타 설첨전음, 설첨중음 등 조음부위에 의거하여 명칭을 설정하므로 설첨후음을 사용하고자 한다.

zh [tʂ]

中 zhōng [tʂʊŋ] 가운데

展 zhǎn [tʂan] 펼치다

ch [tʂh]

忠 chōng [tʂhʊŋ] 충성

出 chū [tʂhu] 나가다

sh [ʂ]

深 shēn [ʂən] 깊다

胜 shèng [ʂəŋ] 이기다

r [r]

日 rì [rʅ] 일

如 rú [ru] 같다

3.2.1.4. 설면음(舌面音)

혀를 평평히 펴고 내는 소리이다.

j [tɕ]

见 jiàn [tɕjæn] 보다

近 jìn [tɕɪn] 가깝다

q [tɕh]

亲 qīn [tɕhɪn] 친하다

情 qíng [tɕhɪŋ] 정

x [ɕ]

先 xiān [ɕjæn] 먼저

虚 xū [ɕy] 비다

3.2.1.5. 설근음(舌根音)

혀뿌리(혀의 뒷부분)가 연구개(입천장의 뒷부분)에 닿거나 접근되어 나오는 소리이다.

g [k]

果 guǒ [kwo] 열매

关 guān [kwan] 닫다

k [kh]

看 kàn [khan] 보다

开 kāi [khaɪ] 열다

h [x]

汉 hàn [xan] 한나라

花 huā [xwa] 꽃

보통화의 h [x] 소리는 설근음으로 국어의 'ㅎ [h]'와 다르다. 한국어의 'ㅎ'는 성문음(声门音 glottal)으로 혓뿌리음(설근음)보다 뒷부분에 위치한 목의 후두(喉头)에서 나는 소리이다.

3.2.2. 조음방식(調音方式 manner of articulation)에 따른 분류

3.2.2.1. 유기음(有氣音 aspirated)과 무기음(無氣音 unaspirated)

유기음(有气音)은 중국어로 送气音(sòngqìyīn)이라 하고 무기음(无气音)은 不送气音(bùsòngqìyīn)이라 한다. 유기음이란 내뱉는 기류가 강하고 무기음은 기류가 약하다. 무기음이라 해서 전혀 공기가 입에서 나오지 않는다는 뜻은 아니고 유기음보다 상대적으로 적게 나온다는 의미이다. 유기음과 무기음의 차이는 발음방법의 차이로 구별된다. 마치 우리말의 바[pa] : 파[pha], 가[ka] : 카[kha]의 대립쌍은 발음할 때 자음의 발음부위도 같고 모음도 같으나 단지 공기가 적게 혹은 많이 나오느냐에 따라 구별된다.

음성학에서 공기가 적게 나오면 '무(无)'라는 한자를 사용하고, 많이 나오면 '유(有)'라는 한자를 사용하여 '유기음(有气音)' 혹은 '무기음(无气音)'이란 이분법(二分法)적 용어를 쓴다. 전통적으로 중국어는 상고음(上古音)에서 현대음(现代音)까지 유기음과 무기음의 대립으로 뜻을 변별하였다. 현재의 각종 중국 방언에서도 그러하다.

보통화에서 공기를 많이 내뱉고 적게 내뱉음에 따라 의미가 구별된다. 예를 들어, 'dǎ(打 때리다)'와 'tǎ(搭 탑)'의 발음상의 차이는 성조와 운모는 모두 같으나 단지 성모가 다르다. 'dǎ'와 'tǎ'는 모두 같은 설첨음(舌尖音)으로 발음부위까지 같으나 단지 구강(口腔)에서 나오는 공기 흐름이 많고 적음이라는 발음방법이 달라 의미가 변별되는 것이다.

우리나라 말에서는 '불[pul](무기음)', '뿔[p'ul 혹은 ppul](경음이며 물론 무기음이다)', '풀[phul](유기음)'과 같이 초성에 나타나는 자음의 세 가지 발음방법에 따라 의미가 변별된다. 중국어(모든 방언과 고대음까지 포함)에서는 무기음과 경음은 하나의 소리로 들려 의미의 차이가 없고 단지 무기음과 유기음의 차이로만 의미를 구별한다. 다시 말해 중국어 dǎ(打 때리다)를 한국어음으로 [다]로 읽든 [따]로 읽든 중국인의 귀에는 약간 이상하게 들릴 뿐 의미까지는 미치지 못해 모두 같은 음으로 들린다는 것이다. 그러나 dǎ(打)를 [타]로는 읽는다면 바로 '搭'字와 같은 한자로 오인될 수 있다. 아래는 [t]음 계열의 한국어와 중국어의 음소와 음성의 차이를 나타내고 있다.

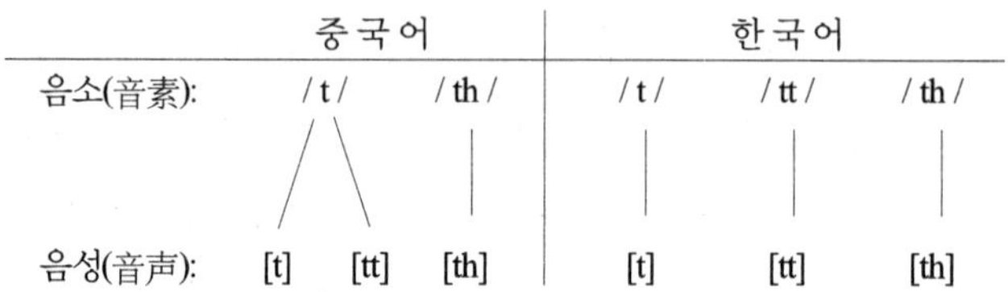

(음소는 머리 속에서 의미를 변별하는 최소 소리 단위이고, 음성은 의미와 관계없는 한 음소에서 파생되어 나오는 표면음으로 음소의 여러 가지 소리인 이음(異音 allophone)을 가리킨다)

현대 북경어에서 무기음과 유기음의 차이로 의미가 변별되는 예를 들어보면 아래와 같다.

	무기음	유기음
/p/와 /ph/:	不 bù[pu] 아니다	曝 pù[phu] 햇볕이 쬐다
	拔 bá[pA] 뽑다	爬 pá[phA] 오르다
/t/와 /th/:	但 dàn[tan] 그러나	叹 tàn[than] 한숨 쉬다
	单 dān[tan] 단일	贪 tān[than] 탐하다
/k/와 /kh/:	该 gāi[kaɪ] 마땅히	开 kāi[khaɪ] 열다
	肝 gān[kan] 간	刊 kān[khan] 간행하다
/ts/와 /tsh/:	早 zǎo[tsaʊ] 이르다	草 cǎo[tshaʊ] 풀
	在 zài[tsaɪ] 있다	菜 cài[tshaɪ] 음식
/tʂ/와 /tʂh/:	炸 zhà[tʂa] 튀기다	差 chà[tʂha] 차이나다
	中 zhōng[tʂʊŋ] 가운데	充 chōng[tʂhʊŋ] 가득하다
/tɕ/와 /tɕh/:	际 jì[tɕi] 사이	气 qì[tɕhi] 기
	今 jīn[tɕɪn] 지금	亲 qīn[tɕhɪn] 친하다

위의 각 예문의 대립은 이렇게 성모의 부위, 운모, 성조 모두 같지만 단지 성모를 어떻게 발음하느냐는 방법상의 차이, 즉 공기를 적게 혹은 많이 입 밖으로 내뿜느냐에 따라 의미의 차이가 생긴 것이다. 그러므로 유기음이냐 무기음이냐는 현대 북경어의 의미 변별에 상당히 중요한 위치를 차지한다. 덧붙여 말하면 일본어에서는 무기음과 경음은 의미를 변별하는데 작용을 하지만 유기음은 의미를 변별하는 음소로 작용하지 않는다.

3.2.2.2. 유성음(有聲音 voiced)과 무성음(無聲音 unvoiced)

중국어에서 전통적으로 무성음은 청음(清音 qīngyīn)이라 하고 유성음은 탁음(浊音 zhuóyīn)이라 칭한다. 음성학에서 성대의 떨림이 없는 음은 무성음(无声音 voiceless 혹은 unvoiced)이고 떨림이 있으면 유성음(有声音 voiced)이라 한다.

발성 시 연구개가 내려가 공기가 비강(鼻腔)을 통해 나오는 소리를 비음(鼻音 nasal)이라 하는데 북경어에서 비음은 [m, n, ŋ]이 있지만 [ŋ]은 운미(韻尾) 위치에만 오고 성모에는 단지 [m, n]이 오는데 이들 비음은 음성학적으로 모두 성대의 떨림을 동반하므로 예외 없이 모두 유성음에 속한다.

유성음(有声音)은 성대의 떨림이 있는 것으로 영어 'busy[bizi]'에서의 [b]와 [z] 같은 음이다. 보통화의 성모에서는 비음(어느 언어에서든 비음은 언제나 유성음이다) /m, n/ 및 유음(流音) 계통인 설측음(舌側音, 중국어로 边音 biānyīn이라 칭한다) /l/과 설첨후음 /r/은 유성음이고 나머지는 모두 무성음(无声音)이다. 성모로는 쓸 수 없고 운미로만 쓰이는 설근비음(舌根鼻音) /-ŋ/도 유성음에 속한다.

남방방언 특히 오방언(吳方言)에서는 유성음이 북방방언인 북경어보다 훨씬 많다. 상고음과 중고음에서는 본래 현대한어보다 유성음이 많았는데 현대 북방방언과 일부 남방방언(광동어 같은 방언)에서는 무성음화(无声音化) 되었다. 보통화의 자음 가운데 유성음과 무성음을 분류하면 아래와 같다.[2]

유성음(有聲音 voiced)				무성음(無聲音 unvoiced)
공명음	비음	m, n, ŋ		기타 자음
				p, ph,f, t, th
	유음	설측음(변음)	l	ts, tsh,s, tɕ, tɕh, ɕ
		설첨후음	r	tʂ, tʂh, ʂ, k, kh, x

유성음과 무성음에 해당되는 자음의 예자(例字)를 나열해보면 아래와 같다.

A. 유성음(有聲音 voiced): 5개 자음

비음

m 买 mǎi [maɪ] 사다

n 女 nǚ [ny] 여자

ŋ 英 yīng [jɪŋ] 꽃부리

유음

l 绿 lǜ [ly] 초록

r 人 rén [rən] 사람

2 일반음성학에서 말하는 유성음과 무성음의 이분법적 구분은 입술에서 성문까지 발음부위에 따라 아래와 같이 정리할 수 있다.

	양순	순치	치간	치경	경구개	설면	권설	연구개	성문
무성	p ɸ	f	θ	t s ts	ʃ ʧ	tɕ ɕ	tʂ ʂ	k x	h
유성	b β	v	ð	d z dz	ʒ ʤ	dʑ ʑ	dʐ ʐ	g ɣ	ɦ

이 가운데 자음 [ŋ]은 中 zhōng[tʂʊŋ], 英 yīng[jɪŋ]과 같이 운미에서만 나타나며, 성모에서는 나타나지 않는다.

B. 무성음(無聲音 unvoiced): 17개 자음

순음

무기음 p 北 běi [peɪ] 북쪽

유기음 ph 配 péi [pheɪ] 짝짓다

마찰음 f 非 fēi [feɪ] 아니다

설첨전음

무기음 ts 在 zài [tsaɪ] 있다

유기음 tsh 材 cái [tshaɪ] 재목

마찰음 s 三 sān [san] 셋

설첨중음

무기음 t 当 dāng [taŋ] 되다

유기음 th 太 tài [thaɪ] 너무나

설면음

무기음 tɕ 交 jiāo [tɕjaʊ] 교류하다

유기음 tɕh 气 qì [tɕhi] 기

마찰음 ɕ 写 xiě [ɕje] 쓰다

권설음(설첨후음)

무기음 tʂ 知 zhī [tʂʅ] 알다

유기음 tʂh 唱 chàng[tʂhaŋ] 노래하다

마찰음 ʂ　山 shān [ʂan] 산

설근음

무기음 k　改 gǎi [kaɪ] 고치다

유기음 kh　开 kāi [khaɪ] 열다

마찰음 x　好 hǎo [xaʊ] 좋다

3.2.2.3. 파열음(破裂音 stop)

한국어에서는 파열음(破裂音), 정지음(停止音), 폐쇄음(闭鎖音)이라 칭하고 중국어에서는 塞音(sèyīn)이라는 용어를 사용한다. 구강(口腔) 혹은 비강(鼻腔)을 막았다가 파열시키는 소리이다. 보통화의 파열음(破裂音)에는 두 입술을 파열시켜 소리를 내는 순음(唇音)인 [p, ph], 윗잇몸에다 혀를 대어 소리를 내는 설첨음(舌尖音)인 [t, th], 혀뿌리를 연구개(软口盖)에 대어 소리를 내는 설근음(舌根音)인 [k, kh]가 있다. 이들 음의 특징은 공기 흐름의 막힘이 있어 비연속성(非连续性 non-continuant 혹은 -continuant)의 변별자질을 가지고 있다. 아래는 파열음에 해당되는 예자(例字)이다.

	무기음	유기음
순음	八　bā [pA] 여덟	跑　pǎo [phaʊ] 뛰다
	保　bǎo [paʊ] 보호하다	平　píng [phɪŋ] 평평하다
설첨음	达　dá [tA] 이르다	特　tè [thɤ] 특별하다
	道　dào [taʊ] 도	同　tóng [thʊŋ] 같다
설근음	根　gēn [kən] 뿌리	靠　kào [khaʊ] 기대다
	骨　gǔ [ku] 뼈	扩　kuò [khwo] 넓히다

3.2.2.4. 파찰음(破擦音 affricate)

파찰음은 중국어로 塞擦音(sècāyīn)이라고 한다. 파찰음은 파열음처럼 처음에는 공기를 폐쇄시켰다가 일시에 터트리지 않고 서서히 마찰을 일으키며 내는 소리이다. 북경어에는 z[ts], c[tsh], zh[tʂ], ch[tʂh], j[tɕ], q[tɕh]가 있다. 파열음에 해당되는 예자를 들면 아래와 같다.

무기음	유기음
ts 早 zǎo [tsaʊ] 이르다	tsh 草 cǎo [tshaʊ] 풀
tʂ 张 zhāng [tʂaŋ] 열다	tʂh 窗 chuāng [tʂhwaŋ] 창
tɕ 就 jiù [tɕjoʊ] 곧	tɕh 强 qiáng [tɕhjaŋ] 강하다

파찰음의 표기는 보통 파열음과 마찰음을 합하는 방법으로 기술한다. [ts]는 파열음 [t]와 마찰음 [s]의 합성이고, [tʂ]는 [t]와 [ʂ]의 합성이다. 이는 바로 파찰음의 발음방식이 파열음과 마찰음의 방식을 조합했음을 대변하고 있다.

3.2.2.5. 마찰음(摩擦音 fricative)

마찰음은 중국어로 擦音(cāyīn)이라고 한다. 마찰음은 구강의 어느 지점을 좁혀 공기를 지나가게 하는 소리로 현대중국어에는 f[f], s[s], sh[ʂ], x[ɕ], h[x]가 있다. 마찰음의 예자를 들면 아래와 같다.

f[f]: 非 fēi [feɪ] 아니다

s[s]: 送 sòng [sʊŋ] 보내다

sh[ʂ]: 诗 shī [ʂʅ] 시

x[ɕ]: 学 xué [ɕɥe] 배우다

h[x]: 会 huì [xweɪ] 모이다

3.2.2.6. 비음(鼻音 nasal)

목젖으로 구강(口腔)을 폐쇄하고 공기가 비강(鼻腔)으로 나오는 소리다. [m, n, ŋ]이 모두 비음에 속하나 보통화에서는 성모(声母) 부분에 [m-, n-]이 올 수 있고 운미(韻尾) 부분에는 [-n, -ŋ]만이 올 수 있다. 예를 들면 아래와 같다.

<u>성모 위치</u>

m- : 买 mǎi [maɪ] 사다

n- : 你 nǐ [ni] 너

<u>운미 위치</u>

-n : 山 shān [ʂan] 산

-ŋ : 英 yīng [jɪŋ] 꽃부리

다시 말하지만 보통화에서는 성모로 [ŋ]이 올 수 없고 운미로 [m]이 올 수 없다. 그러므로 보통화는 [-n, -ŋ]만이 자음운미(子音韻尾)으로 출현하는 상당히 간단한 음절구조를 갖고 있다. 이와 같이 자음으로 끝나는 운미를 폐구운미(闭口韻尾)라고 한다. 한편 모음으로 끝을 맺는 운미를 개구운미(开口韻尾)라고 하며 현대중국어에는 /-i, -u/ 두 개의 개구운미만이 존재한다. 한어병음에서 到 dào /tAu/, 高 gāo /kAu/와 같이 -o로 끝나는 음의 기저음(음소라 해도 좋다)은 /-u/이므로 개구운미로 /-o/까지 포함시키면 안 된다.

3.2.2.7. 유음(流音 liquids)

일반음성학에서 유음(流音)은 소리의 청각적 인상이 유동체와 같아서 지어진 이름으로 [l]계와 [r]계의 음을 가리킨다. 마찰음보다 구강에서의 협착이 적어 기류의 마찰이 없다. 성대의 진동을 수반하고 구강에 공명(共鳴 즉 울림)을 발생하므로 비음 [m, n, ŋ]과 똑같이 공명성(共鳴性 sonorant)의 변별자질을 갖는다.

공기가 혓몸 옆으로 빠져나가는 설측음(舌側音) [l]이 있는데 한국어에서 '길[kil]'에서와 같이 음절 끝에서 나오는 소리이다. 현대중국어에서 [l]과 [n] 발음의 구분을 잘못하는 경우가 있다. [n]은 비음(鼻音)이므로 코를 막으면 발음이 나오지 않지만 [l]은 가능하다. 설측음 [l]은 중국어로 边音(biānyīn)이라고 보통 칭한다. 혀끝을 윗잇몸 위쪽에 대고 공기를 혀의 양쪽에 흐르게 하여 내는 소리다. 설측음 성모의 예를 들면 来 lái, 老 lǎo, 两 liǎng 등이 있다.

일반적으로 설첨후음 'r'은 유성마찰음 [ʐ]로 여겨져 무성마찰음 sh[ʂ]와 대립되는 것으로 간주되었다. 그러나 실제 '人'과 '日'의 성모를 발음해 보면 분명 '社会 shèhuì', '生活 shēnghuó'의 '社'와 '生'보다 공기가 덜 나가고 있음을 알 수 있다. 그러므로 일반적으로 좁은 조음 간격 사이로 공기가 많이 빠져나가는 마찰음 계통인 무성마찰권설음 sh[ʂ]와 유성마찰권설음 zh[ʐ]의 이분법적 기술은 적당치 않은 것으로 보인다. 이에 국제음성부호로 권설음(捲舌音) 'r'을 통음(通音)으로 볼 경우 [ɻ]로 기술하는 경우도 있지만 이 견해 또한 그리 많이 받아들이지 않고 있다.

현대중국어 설첨후음 'r'은 영어 'role(역할)'의 발음처럼 [r]로 가장 많이 기술되고 있다. [r]은 한국어의 '바람[param]'에서의 'ㄹ' 음과 마찬가지로 잇몸 바로 뒤의 경구개 부위에다 혀끝을 떨면서 여러 번 대었다 때었다 하는 전동음(顫動音, trill 혹은 rolled)이다.

이상 살펴본 보통화 자음 22개의 발음방법 과 방식을 조합한 도표를 그려보면 아래와 같다.

장소 \ 방법	파열음		파찰음		마찰음	비음	유음
	무기	유기	무기	유기			
양순음	b[p]	p[ph]				m[m]	
순치음					f[f]		
설첨전음			z[ts]	c[tsh]	s[s]		
설첨중음	d[t]	t[th]				n[n]	l[l]
설첨후음			zh[tʂ]	ch[tʂh]	sh[ʂ]		r[r]
설면음			j[tɕ]	q[tɕh]	x[ɕ]		
설근음	g[k]	k[kh]			h[x]	ng[ŋ]	

[ ]안에 있는 표기는 국제음성 표기이다. '한어병음(汉语拼音)'의 'zh, ch, sh'에서 'h'는 권설음을 표시하는 기능을 갖는다. 그러나 국제음성 표기에서 [h]는 유기음(有气音, 중국어로는 送气 sòngqì)을 나타내는 기능을 갖는다. 비음 ng[ŋ]은 운미(韻尾)에만 나타나므로 성모에 출현하는 자음은 모두 21개음이 있다.

3.2.3. 성조의 고저에 따른 무기음의 평음과 경음의 분리 현상

한어병음으로 'b-, d-, z-, j-, zh-, g-'로 시작되는 무기음은 성조의 고저(高低)에 따라 음의 성질이 약간 다르게 나타난다. 즉, 1성(55)과 4성(51)과 같이 고조(高调)로 시작하면 경음(硬音, 우리말의 ㅃ, ㄸ, ㄲ, ㅉ 등과 같이 강하게 발음되는 음)으로 발음되고, 2성(35)과 3성(214)과 같이 저조(低调)로 시작하면 평음(平音, 우리말의 ㅂ, ㄷ, ㄱ, ㅈ 등과 같은 음)로 발음되는 경향이 있다. 예를 들면 아래와 같다(경음 표시는 [']를 사용한다).

b/p/ { [p] : 白 bǎi 희다 /pAi/ [paɪ]
　　　　百 bǎi 백 /pAi/ [paɪ]
　　[p']: 拜 bài 절하다 /pAi/ [p'aɪ]
　　　　杯 bēi 잔 /pɤi/ [p'eɪ]

d/t/ [t] : 答 dá 답 /tA/ [tA]
党 dǎng 당 /tAŋ/ [taŋ]
[t'] : 单 dān 하나 /tAn/ [t'an]
大 dà 크다 /tA/ [t'A]

z/ts/ [ts] : 责 zé 책임 /tsɤ/ [tsɤ]
总 zǒng 합치다 /tsuŋ/ [tsʊŋ]
[ts'] : 增 zēng 증가하다 /tsɤŋ/ [ts'əŋ]
在 zài 있다 /tAi/ [ts'aɪ]

j/tɕ/ [tɕ] : 结 jié 맺다 /tɕiɤ/ [tɕje]
几 jǐ 몇 /tɕi/ [tɕi]
[tɕ'] : 交 jiāo 사귀다 /tɕiAu/ [tɕ'jaʊ]
教 jiào 가르치다 /tɕiAu/ [tɕ'jaʊ]

zh/tʂ/ [tʂ] : 折 zhé 꺾다 /tʂɤ/ [tʂɤ]
窄 zhǎi 좁다 /tʂAi/ [tʂaɪ]
[tʂ'] : 中 zhōng 가운데 /tʂuŋ/ [tʂ'ʊŋ]
重 zhòng 무겁다 /tʂuŋ/ [tʂ'ʊŋ]

g/k/ [k] : 果 guǒ 열매 /kuɤ/ [kwo]
改 gǎi 고치다 /kAi/ [kaɪ]
[k'] : 该 gāi 마땅하다 /kAi/ [k'aɪ]
过 guò 지나다 /kuɤ/ [k'wo]

우리말에는 평음(平音) 'ㅂ [p], ㄷ [t], ㄱ [k], ㅈ [ʧ]', 경음(硬音) 'ㅃ [p'], ㄸ [t'], ㄲ [k'], ㅉ [ʧ'], 그리고 격음(激音) 'ㅍ [ph], ㅌ [th], ㅋ [kh],

ㅊ[ʧh]' 등이 각각 의미를 변별하는 작용을 하는 음소이지만 중국어에서 평음과 경음은 성조의 고조에 따른 이음(異音 allophone)에 불과하다. 그러므로 느낌상 이렇게 자세히 분류할 수 있을 뿐 중국어에서 경음과 평음의 차이는 한국어처럼 의미가 구별되지는 않는다는 점에 주의할 필요가 있다. 평음과 경음의 차이는 한국인에겐 민감하지만 중국인에겐 그렇지 않다.

3.2.4. 영성모(零聲母 zero initial)

보통화에서는 21개의 자음(子音)이 성모 위치에 출현하지만 자음이 아닌 모음(母音)이 한 음절의 첫소리로 오는 경우가 있다. 이는 성모가 '영(零 zero)'이란 뜻으로 '영성모(零声母 língshēngmǔ, zero initial)'라 부른다. 즉 음절의 삼요소인 성조, 성모, 운모 가운데 성모에 자음이 나타나지 않고 운모만 직접 나타나는 것이다. 예를 들면 爱 ài /Ai/, 外 wài /uAi/, 言 yán /iAn/, 原 yuán /yAn/ 같은 음절에서 그 영성모의 모습을 볼 수 있다.

영성모의 모음은 실제 발음에 있어서 순수한 모음으로 발음되기보다는 자음성질을 지닌 반모음으로 발음된다. 그러한 상황은 운모 가운데 첫 번째 모음의 성질에 따라 아래와 같이 다양하게 발음된다. /i/, /u/, /y/ 고모음(高母音)이 음절의 첫소리로 시작되면 각각 같은 부위의 반모음 [j], [w], [ɥ]로 변하고 기타 모음으로 시작되면 후두파열음(喉头破裂音, 중국어로 喉塞音 hóusèyīn) [ʔ]가 첨가된 음으로 발음된다.

(1) [i] 모음, 즉 제치호(齐齿呼 qíchǐyīnhū)으로 시작되면 반모음 [j]로 발음된다. [j]는 주지하다시피 혀끝을 윗잇몸에 대어 공기를 경미하게 마찰시켜 나는 소리로 자음적 요소를 지닌 반면 순모음 [i]는 구강에서 전혀 마찰이 없이 발음되는 현상과 차이가 있다.

그러한 예를 들면 다음과 같다.

言 yán 말 /iAn/ [jæn]

牙 yá 치아 /iA/ [ja]

(2) [u] 모음, 즉 합구호(合口呼 hékǒuhū)로 시작되면 반모음 [w]로 발음된다. [w]는 [u]를 발음할 때보다 훨씬 입천장에 가까이 대어 나는 자음적 성격을 지닌 반모음이다. 그러한 예를 들면 아래와 같다.

歪 wāi 굽다 /uAi/ [waɪ]

忘 wàng 잊다 /uAŋ/ [waŋ]

위의 예들은 북경어에서는 [u] 모음으로 시작되는 영성모는 입술을 이완시키고 윗니를 가볍게 아랫입술에 대어 [ʋ]로 발음되는 경향이 있다.

歪 wāi 왜곡되다 /uAi/ [waɪ] → [ʋaɪ]

忘 wàng 잊다 /uAŋ/ [waŋ] → [ʋaŋ]

'新闻' xīnwén(소식)의 '闻'도 [ʋən]으로 발음되는데 이같은 현상은 특히 젊은 층에 심하게 나타난다.

(3) [y] 모음, 촬구호(撮口呼 cuōkǒuhū)으로 시작되면 반모음 [ɥ]로 발음된다. [ɥ]는 순모음 [y]에 대응되는 반모음으로 입술을 둥글고 좁게 만들고 [y] 발음 때보다 윗잇몸에 가까이 대어 발음한다. 예를 들면 아래와 같다.

园 yuán 밭 /yAn/ [ɥan]
月 yuè 달 /yɤ/ [ɥe]

(4) 고모음(高母音) [i], [u], [y] 이외의 모음, 즉 개구호(开口呼) [a], [ɤ]으로 시작되는 음이면 성문(声门)을 닫을 때 나는 후두파열음(喉头破裂音) [ʔ] 혹은 설근유성마찰음(舌根有声摩擦音) [ɣ]가 덧붙여져 발음된다.

岸 àn 언덕 /An/ [ʔan] 혹은 [ɣan]
恩 ēn 은혜 /ɤn/ [ʔən] 혹은 [ɣən]

단지 주요모음 [i, u, y] 하나만 모음이 존재하는 음절은 주요모음 앞에 주요모음과 비슷한 성격의 반모음 [j, w, ɥ]가 첨가되는 것으로 묘사한다. 사실 주요모음만 단독으로 나타나는 음절은 기타 분절음이 2~4개인 음절과 그 길이 면에서 커다란 차이가 없다. 그러므로 단모음의 음절 묘사에서 장모음인 [iː], [uː], [yː]로도 기술될 수 있으나 이 책에서는 반모음이 첨가되는 것으로 기술한다. 예를 들면 아래와 같다.

衣 yī 옷 /i/ [ji]
五 wǔ 다섯 /u/ [wu]
鱼 yú 고기 /y/ [ɥy]

개음이 없고 주요모음으로만 구성된 CV 형태의 모음은 주요모음이어서 반모음으로 처리할 수 없으므로 体 tǐ [thi], 路 lù [lu], 去 qù [tɕhy]와 같이 긴장된 모음으로 기술한다. 要 yào [jaʊ], 完 wán [wan], 元 yuán [ɥæn]과 같이 영성모이지만 개음이 존재하는 것은 개음이 없고 주요모음만 존재하는 영성모 형태인 yi [ji], wu [wu], yu [ɥy]와 같이 또 다시 반모음 [j, w, ɥ]를 첨가하지 않는다.

다만 반모음 첨가는 주요모음만 나타나는 음절뿐만 아니라 아래와 같이 고모음으로 시작되는 주요모음과 기타 성분에서도 나타난다.

因 yīn **때문에** /in/ [jɪn]

运 yùn **돌다** /yn/[ɥyn]

이는 비록 기저음에서는 성모 위치에 아무런 발음이 없지만 표면음(실제 발음)에서는 분절음이 나타나는 음절구조 원칙에 의거하기 때문이다.

이상에서 살펴보았듯이 영성모에서 주요모음이 고모음이면 그에 상응하는 반모음으로 실현되고, 중모음이나 저모음일 경우 후두파열음(喉头破裂音) [ʔ] 혹은 설근유성마찰음(舌根有声摩擦音) [ɣ]가 첨가되어 발음된다. 이들의 출현조건을 운모의 성격에 따라 분류한 전통적인 중국 성운학 용어인 사호(四呼 sìhū)로 표현하면 아래와 같은 도표를 얻을 수 있다.

발음	출현조건			
	개구호	제치호	합구호	촬구호
ʔ	+			
j		+		
w			+	
ɥ				+

다만 이들 영성모에 나타나는 발음은 의미를 구별하는 변별적 기능을 갖지 못하기 때문에 하나의 음소로 자리 매김할 수 없다.

3.3. 자음 관련 용어

위에서 설명한 일반 음성학 이론을 바탕으로 중국에서 전통적으로 사용되어온 성모 관련 용어를 정리하면 아래와 같다.

발음장소 용어

중국어 용어	일반 음성학 용어	예
双唇音 shuāngchúnyīn	쌍순음(双唇音 bilabial)	p, ph, b, m
重唇音 zhòngchúnyīn	쌍순음 혹은 양순음(兩唇音)	上同
唇齿音 chúnchǐyīn	순치음(唇齿音 labiodental)	f, v, ɱ, ʋ
轻唇音 qīngchúnyīn	순치음	上同
齿间音 chǐjiānyīn	치간음(齿间音, dental)	θ, ð
舌头音 shétóuyīn	치경음(齿茎音 alveolar)	t, th, d, n
舌尖塞音 shéjiānsèyīn	치경음	上同
舌上音 shéshàngyīn	설면파열음(舌面破裂音)	
舌尖前音 shéjiānqiányīn	설첨전음	ts, tsh, s
舌尖中音 shéjiānzhōngyīn	설첨중음	t, th, n, l
舌尖后音 shéjiānhòuyīn	설첨후음 혹은 권설음	tʂ, tʂh, ʂ, r
舌尖音 shéjiānyīn	설첨음(위의 모든 舌尖前音 舌尖中音, 舌尖后音 포함)	
齿头音 chǐtóuyīn	설첨파열음(舌尖破擦音) 및 설첨마찰음(舌尖摩擦音)	ts, tsh, dz, s, z
正齿音 zhèngchǐyīn	권설음(捲舌音) 및 설면음 (舌面音)	tʂ, tʂh, ʂ, r, tɕ, tɕh, ɕ, ʑ
半齿音 bànchǐyīn	설면비음(舌面鼻音)	ɳʑ
舌叶音 shéyèyīn	치경구개음(齿茎口盖音 alveo-palatal)	tʃ, tʃh, dʒ, ʃ, ʒ
舌面音 shémiànyīn	설면음	tɕ, tɕh, ɕ, ʑ, dʑ, ɳ
舌根音 shégēnyīn	연구개음(软口盖音 velar)	k, kh, g, x, ɣ, ŋ
牙音 yáyīn	연구개음	上同
喉音 hóuyīn	성문음(声门音 glottal)	h, ɦ, ʔ

발음방식 용어

중국어 용어	일반 음성학 용어	예
塞音 sèyīn	파열음(破裂音 stop, plosive)	p, ph, b, t, th, d, k, kh, g, ?
擦音 cāyīn	마찰음(摩擦音 fricative)	f, v, s, z, ʂ, ʐ, ʃ, ʒ, ɕ, ʑ, x, ɣ, h, ɦ
塞擦音 sècāyīn	파찰음(破擦音 affricate)	ts, tsh, dz, tɕ, tɕh, dʑ, tʂ, tʂh, dʐ, tʃ, tʃh, dʒ
边音 biānyīn	설측음(舌側音 lateral)	l
半舌音 bànshéyīn	설측음	上同
鼻音 bíyīn	비음(鼻音 nasal)	m, ɱ, n, ɳ, ŋ

기타 용어

중국어 용어	일반 음성학 용어	예
辅音 fǔyīn	자음(子音 consonant)	모든 자음
送气音 sòngqìyīn	유기음(有气音 aspirated)	ph, th, tsh, tʂh, tʃh, tɕh, kh
不送气音 bùsòngqìyīn	무기음(无气音 unaspirated)	p, t, ts, t, tʃ, tɕ, k
浊音 zhuóyīn	유성음(有声音 voiced)	b, v, d, dz, dʑ, dʐ, dʒ, ʒ, g, ɣ, ɦ
清音 qīngyīn	무성음(无声音 unvoiced)	p, ph, t, th, ts, tsh, tʂ, tʂh, tɕ, tɕh, tʃ, tʃh, k, kh
全清 quánqīng	무기무성음(无气无声音)	p, t, k, ts, tɕ, tʂ
次清 cìqīng	유기무성음(有气无声音)	ph, th, kh, tsh, tɕh, tʂh
全浊 quánzhuó	유성파열음(有声破裂音)	b, d, g
	및 유성파찰음(有声破擦音)	dz, dʑ, dʒ
次浊 cìzhuó	비음(鼻音 nasal) 및	m, n, ɳ, ŋ
	유음(流音 liquid)	l, r
又次清 yòucìqīng	무성마찰음(无声摩擦音)	f, s, ɕ, ʃ, x
又次浊 yòucìzhuó	유성마찰음(有声摩擦音)	v, z, ʑ, ʒ

4. 모음

4.1. 모음(母音) 일반론

모음(母音)은 입안에서 어떠한 장애를 받지 않고 나는 소리이다. 모음은 자음과 같이 폐쇄(閉鎖)나 협착(狹窄)의 위치와 방법에 따라 분류할 수 없다. 비근한 예로 먼저 우리는 가장 널리 쓰이는 모음 [a, i, u]를 발음해 보자. 조음기관의 움직임을 살펴보면 (1) 혀의 높낮이, (2) 혀의 앞뒤, (3) 입술의 모양에 따라 이들 모음이 결정됨을 알 수 있다. 이 세 가지 요소를 유의하여 비교적 천천히 그리고 자세히 이들 세 음을 살펴보자. [a] 모음은 턱을 벌려 혀가 내려가고, [i]는 턱을 올려 혀가 올라가고 앞쪽에서 발음되며, [u]는 [a]보다 턱이 올라가고 뒤쪽에서 발음될 뿐만 아니라 입술도 둥글게 오므라짐을 알 수 있다.

모음의 성격과 표기에 대해 정확한 인식을 하기 위해 먼저 한국어의 예를 들어 설명해보자. 우선 가장 기본적인 모음인 아[a], 이[i], 우[u]는 혀의 높낮이, 혀의 앞뒤 및 입술 모양에 따라 분류하면 아래와 같이 나타낼 수 있다.

	앞		뒤	
	안둥근	둥근	안둥근	둥근
높	i			u
낮			a	

위의 세 모음과 그밖에 에[e], 애[æ], 위[ü], 외[ö], 으[ɨ], 어[ə], 오[o]에 대해 혀의 높낮이, 혀의 앞뒤 및 입술 모양에 따라 분류하면 아래 도표와 같다.

	앞		가운	뒤
	안둥근	둥근	안둥근	둥근
높	i	ü	ɨ	u
가운	e	ö	ə	o
낮	æ		a	

위의 도표에 나오는 순수 한글 용어들을 영어와 한자어로 정리하면 아래와 같다.

A. 혀의 앞과 뒤

앞: front(前舌)

가운: central(中舌)

뒤: back(后舌)

B. 입술의 모양

안둥근: unrounded(平唇) 혹은 − round

둥근: rounded(圓唇) 혹은 + round

C. 혀의 높이

높: high(高)

가운: mid(中)

낮: low(低)

이상 살펴본 모음들은 단모음(单母音 monophthong)으로 조음기관의 동요 없이 한 위치에서 계속해서 낼 수 있는 간단한 모음들이다. 그러나 이들 단모음 뒤나 앞에 반모음 [j] 혹은 [w]가 올 경우가 있다. 예를 들어 한국어의 '와[wa]' 같이 단모음 [a] 앞에 반모음 [w]가 오고, '예[je]' 같이 단모음 [e] 앞에 반모음 [j]가 오며, 영어의 eye[aj]는 단모음 [a] 뒤에 반모음 [j]가 오고, cow[khaw]는 단모음 [a] 뒤에 반모음 [w]가 뒤따르고 있다. 이렇게 단모음을 중심으로 앞 혹은 뒤에 반모음이 따르는 것을 이중모음(二重母音 diphthong)이라고 한다.

이중모음에서 반모음 [j, w]는 실제 발음할 경우 단모음을 중심으로 고설모음(高舌母音)으로 움직이려는 시늉을 할 뿐 고설모음에까지 이르지 못 하는 한계가 있다. 즉 다시 말해 이중모음은 단모음(음절이라는 개념에서 중심모음 혹은 주요모음이라 칭할 수도 있다)을 중심으로 하나의 스쳐가는 부속된 모음이다. 그러므로 이중모음 [aj]는 독립된 두 모음이 연접한 '아이[ai]'와 다르다.

4.2. 모음의 음성표기

한 언어의 음성을 표기하는데 있어서 학자의 의견차, 발화자의 개별적 차이, 간략표기(broad transcription) 혹은 정밀표기(narrow transcription)의 채택에 따라 그 음성표기는 다양해질 수 있으므로 하나의 일치된 결론을 얻기는 어렵다. 본 장에서 다루는 현대중국어 모음의 음성표기는 발음할 수 있고 기술할 수 있는 가장 세밀한 부분까지 염두에 둔 정밀표기에 의거하여 표기해보려 한다.

4.2.1. 운모 구조에 따른 분석

4.2.1.1. 단모음(單母音 monophthong) – 5개의 기저모음

한 개의 모음으로 구성된 운모이다. 현재 중국어에서 기저모음(基底母音 underlying vowel)은 다섯 모음으로 아래와 같다.

/i/ : 衣 yī 옷

/u/ : 五 wǔ 다섯

/y/ : 雨 yǔ 비

/A/ : 阿 ā 친족 호칭 앞에 사용하는 접두어

/ɤ/ : 饿 è 배고프다

위와 같이 기저모음은 단모음으로 단독으로 출현할 때 쉽게 구별될 수 있다.

한어병음에서 'o'도 단독으로 사용된다. 예를 들어, "哦! 你也来啦! 어머! 너도 왔구나!"에서의 감탄사 '哦 ō'와 같은 경우이다. 하지만 '哦'는 '哦诗 é shī 시를 읊다'에서와 같이 실사(实辭)로 사용될 경우 /ɤ/로 발음된다. 이러한 예를 통해 'o'는 감탄사와 같은 허사에서만 나타나지 실사에서는 독립적인 음가로 나타나지 않으므로 현대중국어에서 하나의 독립된 기저모음이 아니라는 것을 보여주고 있다. 결국 현대중국어에서 단모음으로 나타날 수 있는 기저모음은 /i, u, y, A, ɤ/ 다섯 모음만이 존재한다.

4.2.1.2. 이중모음(二重母音 diphthong)

두 개의 모음으로 구성되었으며 주요모음을 축으로 두 가지 성격의 모음이 나타난다. 즉 성모와 주요모음 사이에 위치하는 개음(介音)은 분명한 모음의 성격을 지니지 않으므로 반모음으로 기술되고, 주요모음 뒤에 위치한 모음운미는 긴장된 주요모음과는 달리 이완되어 발음된다.

〈개음+주요모음〉

[ja]: 家 jiā 집
恰 qià 마치

[jɛ]: 接 jiē 잇다
写 xiě 쓰다

[wa]: 瓦 wǎ 기와
抓 zhuā 잡다

[wo]: 我 wǒ 나
说 shuō 말하다

[ɥe]: 月 yuè 달
決 jué 결정하다

〈주요모음+운미〉

[aɪ]: 再 zài 다시

来 lái 오다

[eɪ]: 杯 bēi 잔

类 lèi 종류

[ɑʊ]:高 gāo 높다

老 lǎo 늙다

[oʊ]:都 dōu 모두

抽 chōu 뽑다

4.2.1.3. 삼중모음(三重母音 triphthong)

VVV 형태를 지닌 복모음(複母音)을 삼중모음이라 한다. 현대중국어 음운(북경어가 표준이 된다)에는 사중모음(四重母音)은 나타나지 않고 한 음절에서 단모음과 이중모음, 삼중모음이 존재한다. 삼중모음은 uai[waɪ], uei[weɪ], iao[jɑʊ], iou[joʊ]와 같이 4개만 존재한다.

[waɪ]: 外 wài [waɪ] 밖

快 kuài [khwaɪ] 빠르다

[weɪ]: 为 wèi [weɪ] –위하여

贵 guì [kweɪ][3] 비싸다

---

3 한어병음의 'uei', 'iou'는 앞에 성모가 있으면 'ui', 'iu'로 표기하며 실제 발음도 그에 준한다.

[jaʊ]: 要 yào [jaʊ] -하려 하다

叫 jiào [tɕjaʊ] 부르다

[joʊ]: 又 yòu [joʊ] 또

就 jiù [tɕjoʊ] 곧

삼중모음은 개음이 전설모음이면 운미는 반드시 후설모음이며, 개음이 후설모음이면 운미는 반드시 전설모음을 취하는 특징이 있다. 이는 현대중국어에서 *iai, *iei *uau *ueu, *uau, *uou, *üeü와 같이 개음과 운미가 똑같은 모음을 허락하지 않는 구조를 지니고 있다. 이는 바로 현대중국어의 음절 구조상 무려 3개까지 존재하는 모음을 단 하나의 음절로 발음하려면 주요모음을 축으로 앞뒤의 모음을 빨리 입안(口腔)에서 조음해야 하기 때문이다. 다시 말해 'iao'와 같이 개음이 [+front]이면 먼저 구강 앞에서 시작하여 중간에 위치한 주요모음을 거쳐 구강 뒤에 위치한 [+back]의 운미까지 자연스럽게 연결시켜 발음되는 것이다. 반대로 'uai'와 같이 개음이 [+back]이면 구강 뒤에서 시작하여 주요모음을 거쳐 구강 앞 [+front]의 모음으로 미끄러지듯이 발음하여 하나의 음절구조를 만들어낸다. 그러므로 운미는 긴장모음 아닌 조음시 힘이 가해지지 않는 짧은 이완모음이 된다. 이는 물론 개음인 'i, u, ü'가 반모음 [j, w, ɥ]로 나타나는 것과 약간의 차이가 있다. 이 반모음도 일반 음성학에서는 이완모음으로 처리하고 있어 개음과 운미모음을 모두 이완모음으로 간주하는데 이론적 근거가 되고 있다.

4.2.1.4. 비운모(鼻韻母), 즉 비음운미(鼻音韻尾)

[-n], [-ŋ]과 한 개 혹은 두 개의 모음이 결합된 운모이다. 저모음 /A/는 [-n] 앞에서 전설모음 [a], [-ŋ] 앞에서 후설모음 [ɑ]로 변한다. 이

는 바로 비음이 발음되는 위치에 영향을 받기 때문이다. 즉, [n]은 잇몸에서 발음되어 혀의 앞부분인 전설성(前舌性)에 속하고, [ŋ]은 설근(舌根)에서 발음되어 혀의 뒷부분인 후설성(后舌性)에 속하여 각각 저음 /A/에 영향을 끼치기 때문이다. 비음은 그 자체가 이완성 자음으로 앞에서 위치한 모음을 이완화시키는 작용을 한다. 결국 비음운미 앞의 중모음 /ɤ/는 같은 이완모음 [ə]로 변하고, 고모음 /i, u, y/는 이완모음 [ɪ, ʊ, Y]로 변한다.

[-n]으로 끝나는 운모

[an]:	安 ān	편안하다
	看 kàn	보다
[jæn]:	见 jiàn	보다
	现 xiàn	나타나다
[wan]:	完 wán	끝나다
	还 huán	돌려주다
[ɥæn]:	元 yuán	으뜸
	权 quán	권한
[ən]:	根 gēn	뿌리
	恩 ēn	은혜
[ɪn]:	今 jīn	지금
	因 yīn	-때문에
[wən]:	文 wén	글
	问 wèn	묻다
[Yn]:	运 yùn	돌다
	均 jūn	균일하다

[-ŋ]으로 끝나는 운모

[aŋ]: 钢 gāng 철

方 fāng 방향

[jaŋ]: 江 jiāng 강

强 qiáng 강하다

[waŋ]: 王 wáng 왕

光 guāng 빛

[əŋ]: 更 gèng 더욱

政 zhèng 정치

[ɪŋ]: 经 jīng 겪다

轻 qīng 가볍다

[wəŋ]: 翁 wēng 늙은이

瓮 wèng 항아리

[ʊŋ]: 中 zhōng 중간

工 gōng 장인

[ɥʊŋ]: 雄 xióng 수컷

穷 qióng 가난하다

4.2.2. 모음의 성격에 따른 분석

4.2.2.1. 반모음(半母音 semi-vowel)

자음과 비슷하게 아주 협착하게 발음되는 모음을 반모음(半母音 semi-vowel)이라고 하며 현대중국어에서 [j, w, ɥ] 세 반모음이 나타난다. 이들 반모음은 고모음(高母音) [i u y]에 대응되는 것으로 입안에서 고모음보다 좀 더 높고 좁게 발음되어 마치 자음처럼 발음되므로 반모음 혹은 반자음(半子音 semi-consonant)이란 용어를 사용한다. 반모음은 영성모와 개음에서 나타난다.

A. 주요모음이 고모음인 영성모에서

[j] : 衣 yī [ji] 옷

[w]: 屋 wū [wu] 집

[ɥ]: 雨 yǔ [ɥy] 비

B. 개음(介音)에서

[j] : 交 jiāo [tɕjaʊ] 사귀다

[w]: 专 zhuān [tʂwan] 오로지

[ɥ]: 全 quán [tɕhɥæn] 온전하다

고모음 [i, u, y]가 주요모음으로 개음과 운미가 없고 성모가 없는 영성모(零声母 zero initial)로 나타날 경우 근육이 짧게 긴장상태가 되거나 경미한 마찰이 있어서 성모 부위에 반모음이 존재한다고 볼 수 있다.

개음(介音)은 성모와 주요모음의 가운데에 존재하는 말 그대로 사이음에 해당되며 반모음적 성격이 강하다. 위의 예자(例字)인 交 jiāo [tɕjaʊ], 专 zhuān [tʂwan], 全 quán [tɕhɥæn]과 같이 발음 시 혀의 위치가 입천장에 비좁게 발음되므로 반모음적인 성격을 지닌다.

주지하다시피 중국어 음절 구조는 '성조(声调) + 성모(声母) + 운모 (韻母)' 3요소로 구성되며, 운모는 다시 '개음(介音) + 주요모음(主要母音) + 운미(韻尾)'로 세분되어 그 형태는 V, VV, VVV, VC, VVC 등 5가지가 가능한데 어느 음절이든 주요모음은 반드시 존재해야 한다. 한어병음에서 성조의 위치는 모음 그 중에서도 주요모음에 찍는 것이 원칙일 정도로 주요모음의 위치는 어느 분절음보다 중요하다. 그러므로 주요모음은 음절의 기타 분절음보다 음향적으로 울림이 가장 강하여 음절의 공명도(共鳴度)에서 최고봉을 이루고 있어 긴장모음으로 처리하고자 한다. 다만 뒤에서 언급하겠지만 비음운미 앞에 위치한 중모음과 고모음의 주요모음은 이완모음화되는 예외가 있다. 반면 개음과 모음운미는 공명도도 낮고 음의 길이도 짧고 속도도 빨라서 이완모음으로 처리한다.

4.2.2.2 이완모음(弛緩母音 lax vowel)

현대중국어에서 이완모음으로 [ɪ, ʊ, Y, ə]가 나타나고 있는데 긴장모음 [i, u, y, ɤ]에 각각 대응되는 것으로 이들 긴장모음보다 더 짧고, 더 낮고, 더 중앙에 위치하여 발음된다. 이들 이완모음은 운미모음 /-i, -u/, 혹은 (C)VC 형태를 지닌 비음운미 [-n, -ŋ] 앞에서 발생한다.

[ɪ]

来 lái [laɪ] 오다
今 jīn [tɕɪn] 현재
经 jīng [tɕɪŋ] 겪다

[ʊ]

老 lǎo [lɑʊ] 늙다
准 zhǔn [tʂʊn] 정확하다
中 zhōng [tʂʊŋ] 가운데

[Y]

韵 yùn [ɥYn] 운
穷 qióng [tɕhɥʊŋ] 가난하다

[ə]

很 hěn [xən] 매우

冷 lěng [ləŋ] 춥다

(C)VC 형태의 주요모음이 이완되는 현상은 고모음 [i, u, y]와 중모음 [ɤ]에서는 가능하지만, 战 zhàn[tʂan], 浪 làng[lɑŋ]과 같은 저모음에서는 긴장모음으로 남는다.

4.2.2.3. 저모음(低母音 low vowel)

턱을 아래로 벌려 혀가 내려가 나는 소리로 공명도(共鳴度)가 높다. 실제 발음 시 음성적으로 [æ,a,ɑ,A] 등 네 개의 음성이 존재하지만 기저모음 /A/ 하나로 설정이 가능하다.

[æ] : [æ]음은 전설모음(前舌母音) /-i-, -y-/와 전설비음 운미(前舌鼻音 韻尾) /-n/ 사이에서 나타난다.[4]

天 tiān [thjæn] 하늘

圆 yuán [ɥæn] 원

[a]: 전설모음 [a]는 전설성 운미(前舌性 韻尾) /-i, -n/ 앞에서 나타난다.

单 dān [tan] 하나

爱 ài [aɪ] 사랑하다

[ɑ] : 후설모음 [ɑ]는 후설성 운미(后舌性 韻尾) /-u, -ŋ/ 앞에서

---

4 元 yuán, 权 quán, 宣 xuān과 같이 기저음 /A/가 전설원순모음 /y/와 /n/ 사이에서 발음될 때 '애[æ]'보다 '아[ɐ]' 음으로 발음하는 경향도 있다.

나타난다.

方 fāng [faŋ] 방향

高 gāo [kaʊ] 높다

[A]: 중앙모음 [A]는 단독으로 출현할 때 나타난다.

他 tā [thA] 그 남자

4.2.2.4. 중모음(中母音 mid vowel)

현대중국어의 중모음은 단 하나인 /ɤ/ 기저음만 존재하며 한어병음으로는 'e'와 'o'(-o, -uo, -ou, -iou 네 운모에만 한정하며 기타 한어병음의 'o'는 /u/ 기저모음에 해당된다)[5]로 표기된다.

[e]: 전설모음 [e]는 운미에 위치하는 전설모음 /-i/ 앞 혹은 개음(介音)에 위치하는 전설모음 /-i-/ 혹은 /-y-/ 뒤에서 나타난다.

累 lèi [leɪ] 피곤하다

别 bié [pje] 다르다

月 yuè [ɥe] 달

---

5 한어병음 'o'는 음소로서의 위치를 지니지 못한 불완전한 음가로 /ɤ/, /u/ 두 음소로 분리되며, 아래와 같은 운모에 나타난다.

① /ɤ/: o(순음 뒤): 波 bō /pɤ/ [pʊo], 破 pò /phɤ/ [phʊo]

ou: 都 dōu /tɤu/ [toʊ], 周 zhōu /tʂɤu/ [tʂoʊ]

iou: 又 yòu /iɤu/ [joʊ], 油 yóu /iɤu/ [joʊ]

uo: 我 wǒ /uɤ/ [wo], 左 zuǒ /tsuɤ/ [tswo]

② /u/: ao: 高 gāo /kAu/ [kaʊ], 老 lǎo /lAu/ [laʊ]

iao: 较 jiào /tɕiAu/ [tɕjaʊ], 小 xiǎo /ɕiAu/ [ɕjaʊ]

ong: 忠 zhōng /tʂuŋ/ [tʂʊŋ], 充 chōng /tʂhuŋ/ [tʂhʊŋ]

iong: 穷 qióng /tɕyuŋ/ [tɕɥʊŋ], 雍 yōng /yuŋ/ [ɥʊŋ]

[ə]: 이완모음 [ə]는 비음 운미 /-n, -ŋ/ 앞에서 나타난다.

根 gēn [kən] 뿌리

橫 héng [xəŋ] 가로

[ɤ]: 긴장모음 [ɤ]는 한어병음 'e' 모음이 단독으로 출현할 때 나타난다.

得 dé [tɤ] 얻다

歌 gē [kɤ] 노래

[o]: 원순모음 [o]는 한어병음 '-ou /ɤu/', '-uo /uɤ/' 와 같이 원순모음 /u/ 앞 혹은 뒤에서 나타난다.

都 dōu [toʊ] 모두

多 duō [two] 많다

4.2.2.5. 고모음(高母音 high vowel)

현대 북경 중국어에는 음성적으로 [j i ɪ ɿ ʅ ɥ y Y w u ʊ] 등 11개의 고모음이 존재한다. 그러나 이들 모음은 /i/, /u/, /y[ü]/ 등 세 개의 기저모음에서 나타나는 표면음에 불과하다.

A. 전설모음 /i/

[j]: 반모음 [j]는 개음 혹은 영성모에서 나타난다.

天 tiān [thjæn] 하늘

见 jiàn [tɕjæn] 보다

衣 yī [ji] 옷

因 yīn [jɪn] –때문에

[ɪ]: 이완모음 [ɪ]는 모음운미 위치에서나 비음운미 앞에서 나타난다.

海 hǎi [xaɪ] 바다

怀 huái [xwaɪ] 품다

今 jīn [tɕɪn] 지금

经 jīng [tɕɪŋ] 겪다

[ɿ]: 설첨모음(舌尖母音) [ɿ]는 설첨전음 뒤에서 나타난다.

字 zì [tsɿ] 글자

此 cǐ [tshɿ] 이것

私 sī [sɿ] 개인

[ʅ]: 권설모음(捲舌母音) [ʅ]는 권설성모(설첨후음) 뒤에서 나타난다.

知 zhī [tʂʅ] 알다

池 chí [tʂhʅ] 연못

诗 shī [ʂʅ] 시

日 rì [ɻʅ] 날

[i]: 설면모음(舌面母音) [i]는 설면음 혹은 비음운미 이외의 주요 모음에서 나타난다.

基 jī [tɕi] 터

气 qì [tɕhi] 기운

系 xì [ɕi] 계통

衣 yī [ji] 옷

意 yì [ji] 뜻

B. 전설원순모음 /y/

[ɥ]: 반모음 [ɥ]는 개음 혹은 영성모에서 나타난다.

劝 quán [tɕhɥæn] 권하다

卷 juǎn [tɕɥæn] 말다

元 yuán [ɥæn] 으뜸

雨 yǔ [ɥy] 비

[Y]: 이완모음 [Y]는 비음운미 [-n] 앞에서 나타난다.

群 qún [tɕhYn] 무리

运 yùn [ɥYn] 돌다

[y]: 긴장모음 [y]는 비음운미 이외의 주요모음에서 나타난다.

去 qù [tɕhy] 가다

雨 yǔ [ɥy] 비

C. 후설원순모음 /u/

[w]: 반모음 [w]는 개음 위치 혹은 영성모에서 나타난다.

黄 huáng [xwaŋ] 누렇다

庄 zhuāng [tʂwaŋ] 마을

王 wáng [waŋ] 왕

五 wǔ [wu] 다섯

[ʊ]: 이완모음 [ʊ]는 비음운미 앞 혹은 운미 /u/에서 나타난다.

中 zhōng [tʂʊŋ] 가운데

准 zhǔn [tʂʊn] 정확하다

告 gào [kaʊ] 말하다

好 hǎo [xaʊ] 좋다

要 yào [jaʊ] 원하다

[u]: 긴장모음 [u]는 비음운미 이외의 주요모음에서 나타난다.

五 wǔ [wu] 다섯

苦 kǔ [khu] 힘들다

이상 살펴본 바와 같이 현대중국어 모음의 성격은 아래 세 가지로 요약할 수 있다.

(ⅰ) 개음 위치에 오는 모음은 모두 반모음이 된다. 즉, 기저모음 /i, u, y/은 개음 위치에서는 각각 반모음 [j, w, ɥ]로 변한다.

(ⅱ) 운미에 위치하는 모음은 모두 이완모음으로 바뀐다. 즉, 기저모음 /i, u/는 운미에서 [ɪ, ʊ]로 변한다.

(ⅲ) 중모음과 고모음은 비음운미 앞에서는 모두 이완모음이 된다. 즉, 비음운미 -n, -ng 앞에 위치한 중모음 /ɤ/는 이완모음 [ə]로 변하고, 고모음 /i, u, y/는 이완모음 [ɪ, ʊ, Y]로 변한다.

또한 전설음 /i/가 설첨모음(舌尖母音) [ɿ], 권설모음(捲舌母音) [ʅ], 설면모음(舌面母音) [i]로 읽히는 이유는 바로 앞 성모의 성격에 동화되어 조음되기 때문이다.

이상 정밀표기에 의거하여 살펴본 현대중국어 음성을 정리하면 아래 표와 같다.

	front(前舌)		central(中舌)		back(后舌)
	-round	+round			
high(高)	j	ɥ			w
	i ɿ ʅ	y			u
	ɪ	Y			ʊ
mid(中)	e		ə	ɤ	o
low(低)	æ				
		a	A		ɑ

이상 19개의 모음은 혀의 앞뒤, 높낮이 그리고 입술의 둥글기에 따라 아래와 같이 분류할 수 있다.

(1) 혓몸의 앞뒤 위치(tongue advancement)에 따른 분류

(i) 전설모음(前舌母音 front vowel): [j i ɪ ɿ ʅ y ɥ Y e æ a]

(ii) 중설모음(中舌母音 central vowel): [ə ɤ A]

(iii) 후설모음(后舌母音 back vowel): [w u ʊ o ɑ]

(2) 혓몸의 높낮이(tongue height)에 따른 분류

(i) 고모음(高母音 high vowel): [j i ɪ ɿ ʅ ɥ y w u ʊ]

(ii) 중모음(中母音 mid vowel): [e ə ɤ o]

(iii) 저모음(低母音 low vowel): [a A ɑ æ]

(3) 입술의 둥글기 정도(圆唇性 lip rounding)에 따른 분류

(i) 원순모음(圆唇母音 rounded vowel) [ɥ y Y w u ʊ o]

(ii) 비원순모음(非圆唇母音 unrounded vowel) [j i ɪ ɿ ʅ e ə ɤ æ a A ɑ]

그밖에 모음성(母音性)에 따라 반모음(半母音 semi-vowel)으로 [j w ɥ]가 있고, 모음의 긴장성에 따라 이완모음(弛緩母音 lax vowel) [j w ɥ Y ɪ ʊ ə æ] 등이 있다. 이렇게 무려 19개나 되는 모음은 현대중국어에서 중국인들에 의해 실제 발음되어 음성적으로 표기될 수 있는 표면음이다.[6]

4.3. 모음과 운모 관련 용어

중국어에서 사용되는 모음과 운모에 관련되는 용어에 대해 일반 음성학 이론을 바탕으로 관련 용어를 정리하면 아래와 같다.

혀의 높이에 따라 '高(high), 半高(mid-high), 中(mid), 半低(mid-low), 低(low)' 등의 용어는 중국어와 한국어 용어에 똑같이 사용할 수 있다. 韵母(final), 介音, 韵尾에 대해서는 한국적인 용어가 마땅히 없어 그대로 사용된다.

중국어 용어	일반 음성학 용어	예
元音(yuányīn)	모음(母音 vowel)	a, e, i, o, u
半元音(bànyuányīn)	반모음(半母音 semi-vowel)	j, w, ɥ
韵母(yùnmǔ)	운모(韻母 final)	
介音(jièyīn)	개음(介音 medial)	-j-, -w-, -ɥ-
韵头(yùntóu)	운두(韻头 medial)	
	개음과 같은 의미	-j-, -w-, -ɥ-
主要元音(zhǔyàoyuányīn)	주요모음(主要母音 main vowel)	
	혹은 핵모음(nucleus)	A, ɤ, i, u, y
韵腹(yùnfù)	운복(韻腹 main vowel)	A, ɤ, i, u, y
韵尾(yùnwěi)	운미(韻尾 final ending)	-i, -u, -n, -ŋ

6 C.C. Cheng(1973)은 음성적으로 북경어에는 [ɿ ʅ i y e ɛ a ɑ ə ɤ o u] 등 12개의 음성이 존재한다고 기술하고 있다. 그리고 Zhiji Lu(1985)는 [ɿ ʅ i ɪ y Y e ɛ a A ɑ ə ɤ u ʊ o] 등 16개의 음성적 모음이 있다고 주장하고 있다. 이와 같이 학자에 따라 표면음의 설정이 다양하게 나타날 수 있다.

单元音(dānyuányīn) 复元音(fùyuányīn) 帶鼻音韵母(dàibíyīnyùnmǔ) 圆唇(yuánchún) 不圆唇(bùyuánchún)	단모음(单母音 monophthong) 二重母音(diphthong) 및 三重母音(triphthong) 韻尾가 鼻音(-n, -ŋ)으로 끝나며 앞에 한두개의 모음이 포함되어 있는 운모 원순(圓唇 rounded) 불원순(不圓唇 unrounded)	i, a, u, y, ɤ ai, ua, ei, ie iao, uai, uei u, o, y i, a, e, æ

5. 변별적 자질의 검토

우리는 줄곧 말이란 자음(子音)과 모음(母音)으로 구성된 분절음(分节音)의 연속으로 되어 있다고 보는데, 이는 분절음이 음운론적으로 분석해서 최소의 단위이며 더 이상 분해할 수 없다고 보기 때문이다. 의미를 변별하는 어음의 최소 단위를 음소(音素)라고 보는데, 중국어의 음운 연구에 있어서도 우리는 늘 이 음소를 조음의 장소와 방법에 따라 분류하고 어떠한 음절은 중국인에게 가능하고 불가능한지를 연구해왔다. 그러나 음소의 분류명세에서 사용되는 용어 가운데 유성(有声)과 무성(无声), 유기(有气)와 무기(无气), 비음(鼻音)과 구강음(口腔音) 등 반의어처럼 서로 대립되는 것들이 있다. 이들 반의어처럼 사용되는 음성적 자질이 있는 소리를 '+', 없는 소리를 '−'로 표시함으로써 음성을 보다 더 간명(简明)하게 분류할 수 있다.

음소란 단위는 변별적 자질로 더 세분화할 수 있어서 한 음소를 변별적 자질들의 묶음으로 나타낼 수 있으며 동시에 음소로만 표시하면 복잡하거나 여러 음소들을 나열하여야 하는 번거로움에서 벗어나 단순한 하나의 변별적 자질로 총괄해서 나타낼 수 있는 장점도 있다. 예를 들어 [p, t, k, b, d, g, ts, tɕ, tʂ]는 모두 [+장애음(障碍性 obstruent)]이라는 자질 하나로 표시할 수 있다. 그리고 [p]는 [b]로, [t]는 [d]로, [k]는 [g]로, [ts]는 [dz]로, [tɕ]는 [dʑ]로, [tʂ]는 [dʐ]로 각각 변할 경우 이들 여섯 가지 음운 변화의 규칙을 공통된 변별적 자질로 묶어 가장 간략히 [－유성성(有声性 voice), －연속성(连续性 continuant), －유기성(有气性 aspirated)] → [＋유성성(有声性 voice)]로 나타낼 수 있다.

5.1. 일반 음성학계의 변별적 자질 연구 소개

일찍이 1939년 츄베츠코이(Trubetzkoy)는 《음운론의 원리(Principles of Phonology)》에서 변별적 자질을 언급한 바 있으며 그 후 야콥슨(Jakobson)에 의해 상당히 구체적으로 그 변별적 자질이 연구되었다. 특히 야콥슨-환트-할레(Jakobson Roman, Gunnar Fant, and Morris Halle, 1952)가 공동으로 집필한 《소리분석에 대한 前文(Preliminaries to Speech Analysis)》에서 음성의 자질을 주로 음향 음성학에 의거하여 양립적 자질 체계를 12개로 나누었다. 야콥슨-환트-할레가 제시한 자질들은 본질적으로 음향 음성학에서 얻은 자질의 양분 대립이다. 그러므로 이에는 포만트(formant), 에너지, 주파수(frequency), 강약 등의 음향학적인 요소들을 동원해야하는 복잡한 과정이 따른다. 이는 음운 자질(phonological feature)과 음성적 자질(phonetic feature)을 분명히 구별하지 못하는 결함이 있다. 12개의 대립되는 자질에 대해서만 간단히 소개하면 다음과 같다.

모음성(母音性 vocalic) / 비모음성(非母音性 non-vocalic)
자음성(子音性 consonantal) / 비자음성(非子音性 non-consonantal)
돌발성(突发性 abrupt) / 연속성(连续性 continuant)
억제성(抑制性 checked) / 비억제성(非抑制性 unchecked)
조찰성(粗擦性 strident) / 유연성(柔软性 mellow)
유성성(有声性 voiced) / 무성성(无声性 unvoiced)

집중성(集中性 compact) / 분산성(分散性 diffuse)
둔중성(鈍重性 grave) / 예리성(銳利性 acute)
저음성(低音性 flat) / 평음성(平音性 plain)
고음성(高音性 sharp) / 비고음성(非高音性 non-sharp)
긴장성(紧张性 tense) / 이완성(弛緩性 lax)
비음성(鼻音性 nasal) / 구음성(口音性 oral)

위의 12개 자질은 음향적인 연구를 바탕으로 자질을 설정하였으므로 음향학에 대한 전반적인 지식이 없이는 사실 이해하기 쉽지 않다.

이에 반해 촘스키-할레(Chomsky and Halle, 1968)는 양립적 자질 체계를 생성 음운론에 그대로 받아들였으나 대부분을 조음 음성학적 측면에서 분석하고 있다. 촘스키-할레는 인간이 발음할 수 있는 음성을 대표하는 36개의 각 자질을 열거하고 있다. 이들 36개의 자질은 아래와 같이 5개로 크게 나뉜다.

(1) 주요부류자질(主要部类資质 major class features)
(2) 구강자질(口腔資质 cavity features)
(3) 조음방식자질(调音方式資质 manner of articulation features)
(4) 근본자질(根本資质 source features)
(5) 운율자질(韻律資质 prosodic features)

위의 5개 구분 가운데 운율자질은 강세와 성조 등 초분절음자질에 대한 것이고 나머지는 분절음에 대한 것이다. 촘스키-할레(Chomsky and Halle 1968)의 이론에 대해서는 기타 일반 음성학이나 음운학 개론서에 충분히 설명이 되어 있으므로 여기서 자세한 설명은 덧붙이지 않고 중국어의 변별적 자질에 대한 설명에 이해를 돕기 위해 5가지 부류

방법 가운데 분절음에 관한 4가지 부류에 나타나는 변별적 자질의 명칭을 열거해본다.

(1) 주요부류자질(主要部类資质 major class features)
자음성(子音性 consonantal)
공명성(共鳴性 sonorant)
모음성(母音性 vocalic)

(2) 구강자질(口腔資质 cavity features)
설관성(舌冠性 coronal)
전강성(前腔性 anterior)
고설성(高舌性 high)
저설성(低舌性 low)
후설성(后舌性 back)
원순성(圆唇性 rounded)
분배성(分配性 distributed)
복개성(覆盖性 covered)
비음성(鼻音性 nasal)
설측성(舌側性 lateral)

*** 고설성(高舌性), 저설성(低舌性), 후설성(后舌性) 세 자질은 혓몸과 관계있음

(3) 조음방식자질(调音方式資质 manner of articulation features)
지속성(持续性 continuant)
순간개방성(瞬间开放性 instantaneous release 혹은 지연개방성

迟延开放性 delayed release로 대체 가능)

긴장성(紧张性 tense)

(4) 근본자질(根本資质 source features)

유성성(有声性 voiced)

조찰성(粗擦性 strident)

이상의 18개의 자질은 양립적 대립성을 지녀 분절음의 분석에서 '有[+]' 아니면 '无[-]'를 지니고 있어 총 36개의 자질로 합산이 된다. 이들 자질은 야콥슨-환트-할레(Jakobson, Fant and Halle 1952)에서 제시된 12개의 자질과 함께 세계의 언어들을 묘사하는데 가장 널리 사용되고 있다. 하지만 야콥슨-환트-할레와 같은 변별적 자질의 초기 이론에서는 음향음성학적인 특질에 기반을 두어 둔중성(鈍重性 grave)과 집중성(集中性 compact) 같은 자질 설정들은 조음음성학에 바탕을 둔 촘스키-할레의 설관성(舌冠性 coronal), 전강성(前腔性 anterior), 후설성(后舌性 back)과 같은 자질 등으로 바뀌었다. 야콥슨-환트-할레가 제시한 일부 음향음성학적인 조찰성(粗擦性 strident)과 긴장성(紧张性 tense) 등과 청음음성학적인 성절성(成节性 syllabic) 등이 현재 섞여 널리 사용되고 있다. 아무튼 변별적 자질은 세계의 모든 언어를 기술하는데 문제가 없어야 하고 보편성도 지녀할 필요가 있다. 각 언어에 따라 그간 제시된 변별적 자질을 적절히 운용할 필요가 있어 어떤 때는 자질의 수를 줄여 간명하게 나타낼 수도 있다고 본다.

5.2. 자음의 변별적 자질 설정과 분석

5.2.1. 유성성(有聲性 voice)과 공명성(共鳴性 sonorant)

유성성(有声性 voice)은 성대의 떨림이 있는 음이다. 비음[m, n, ŋ], 설측음(舌側音) [l]은 어느 언어든 모두 유성음에 속하므로 현대중국어에서도 당연히 [＋유성성(有声性)]이다. 그 외에 다만 성모 가운데 권설음 'r[r]'만이 유일한 유성음으로 볼 수 있으므로 보통화는 유성음이 발달하지 않은 언어라고 말할 수 있다.

무기장애음(无气障碍音) [p, t, ts, tɕ, tʂ, k]는 경성 위치에서 유성음화된 [b, d, dz, dʑ, dʐ, g]로 변한다. 예를 들면 아래와 같다.

爸爸 bàba 아빠 /pA pA/ → [pA bə]
周到 zhōudao 주도면밀하다 /tʂɤu tAu/ → [tʂoʊ daʊ]
忘记 wàngji 잊어버리다 /uAŋ tɕi/ → [waŋ dʑɪ]
盘子 pánzi 쟁반 /phAn tsɿ/ → [phan dzə]
风筝 fēngzheng 연 /fɤŋ tʂɤŋ/ → [fəŋ dʐəŋ]
报告 bàogao 보고하다 /pAu kAu/ → [paʊ gaʊ]

위와 같이 경성에서 무기장애음(无气障碍音)은 유성음으로 변한다.[7]

---

7 유기장애음 [ph, th, tsh, tɕh, tʂh, kh]와 무성마찰음 [f, s, ɕ, ʂ, x]는 어떠한 경우에도 경성에서 유성음화 작용이 일어나지 않고 무성음 그대로 유지된다. 荒唐, 云彩, 事情, 清楚, 凉快, 豆腐, 意思, 出息, 本事, 时候와 같이 气息 [h]가 있는 음과 마찰음에서는 경성에서도 기식이 유지되는 경향을 보인다. 그러므로 기식 있는 음, 즉 유기음과 마찰음은 제외되어야 하므로 [-asp]와 [-cont]만 사용하면 무기장애음을 나타낼 수 있다.

$$\begin{bmatrix} \text{-cont} \\ \text{-asp} \end{bmatrix} \rightarrow [+\text{voice}] \;/\; \underline{\quad\quad} \; V$$

경성에서 무기장애음의 유성음화 현상을 변별적 자질로 서술하기 위해 [+有声性(voice)]을 지닌 [b, d, dz, dʑ, dʐ, g]도 표층음에서 염두해 둘 필요가 있다.

공명성(共鳴性 sonorant)은 기류(气流)의 흐름이 전혀 방해받지 않고 구강(口腔)이나 비강(鼻腔)을 통해 나오는 음으로 모음(母音), 활음(滑音), 비음(鼻音), 유음(流音)이 이에 속한다. 파열음, 마찰음, 파찰음은 [-공명성(共鳴性)]이다. 현대중국어 자음 가운데 비음 [m, n, ŋ]과 유음 [1, r]이 공명음으로 [+공명성(共鳴性)]이다.

5.2.2. 유기성(有氣性 aspirate)

유기음(有气音)이란 내뱉는 기류(气流)가 강하고 무기음(无气音)은 기류가 약하다. 무기음이라 해서 전혀 공기가 입에서 나오지 않는다는 뜻은 아니고 유기음보다 상대적으로 적게 나온다는 의미이다. 전통적으로 중국음운학에서 상고음에서 현대음까지 유기성(有气性) 여부는 의미를 변별하는데 중요한 자질이었다. 현대중국어에서 기식(气息)을 표시하는 [h]음이 붙은 모든 음인 [ph, th, tsh, tɕh, tʂh, kh]은 [+유기성 (有气性)]을 지니며 그와 반대되는 무기음 [p, t, ts, tɕ, tʂ, k]는 [-유기성 (有气性)]이다.

5.2.3. 비음성(鼻音性 nasal)

비음은 연구개를 낮추어 공기가 코를 통해 빠져나가도록 하고 내는 소리이다. 비음은 현대중국어에서 성모 부분에 [m, n]이 나타나고 운미에는 [n, ŋ]이 나타나므로 모두 [m, n, ŋ] 세 음만이 [+비음성(鼻音性)] 자질을 가진다.

5.2.4. 지속성(持續性 continuant)

지속음(持续音)은 기류(气流)가 아주 막히는 파열음(破裂音) [p, ph, t, th, k, kh]과 처음에 공기를 폐쇄시켰다가 일시에 터트리지 않고 서서히 마찰을 일으키며 내는 파찰음(破擦音) [ts, tsh, tʂ, tʂh, tɕ, tɕh]을 제외한 성도(声道 vocal track)의 어느 지점을 좁혀 공기를 지나가게 하는 소리로 마찰음 [f, s, ʂ, ɕ, x]가 이에 해당된다. 그러므로 파열음과 파찰음은 [－지속성(持续性)]이고 마찰음은 [＋지속성(持续性)]이다. 촘스키-할레의 자질체계에서 비음은 [－지속성(持续性)]이다. Duanmu (2000)에서 [n]과 [ŋ] 비음에 대해 [지속성(持续性)] 자질을 공백으로 남겨두고 있듯이 이 두 비음은 운미부분에서 구강 막힘이 없이 발음되기 때문에 여백으로 남겨두고자 한 것 같다. 그러나 현대중국어에서 성모 위치에서 발음되는 [m, n]은 구강에서의 막힘이 틀림없이 일어나므로 본고에서는 [지속성(持续性)]에 대해 '－'로 표시하고자 한다.

5.2.5. 전강성(前腔性 anterior)과 설관성(舌冠性 coronal)

일반 음성학에서 잇몸(齿茎) 바로 뒤를 경계로 구강을 둘로 나누어 그 앞에서 나오는 자음을 [＋전강성(前腔性)], 즉 [＋anterior]이라 하고 그 뒤에서 나오는 자음을 후강(后腔), 즉 [－anterior]라고 한다. 구강의 협착이나 폐쇄에 혀끝 혹은 혓날을 사용하는 자음을 [＋설관성(舌冠性)], 즉 [＋coronal]이라 하고 그렇지 않은 자음을 [－설관성(舌冠性)], 즉 [－coronal]이라고 한다. 이 두 자질은 자음의 성격을 구강과 혀가 닫는 부분을 기점으로 삼았기 때문에 자음의 성격을 파악하는데 상당히 중요한 자질이다. 현대중국어의 자음은 잇몸 주위에서 발음되는 음들이 많아서 전강성의 기준을 설정하기가 쉽지 않다. 전강성은 잇몸 앞뒤를 기준으로 삼으므로 설첨음이라 통칭되는 설첨전음(舌尖前音) z[ts], c[tsh], s[s], 설첨중음(舌尖中音) d[t], t[th], n[n], l[l], 설첨후음(舌尖后音, 즉 捲舌音) zh[tʂ], ch[tʂh], sh[ʂ], r[r], 그리고 설면음(舌面音) j[tɕ], q[tɕh], x[ɕ] 가운데 설첨전음과 설첨중음은 분명 잇몸에서 발음되므로 [+전강성(前腔性)]이고, 치경음보다 훨씬 뒤에서 발음되는 설첨후음(즉 권설음)과 구개음(口盖音)의 성격을 갖고 있는 설면음(舌面音)은 [−전강성(前腔性)]이라고 볼 수 있다.

현대중국어에서 혀끝으로 발음되는 설첨음(舌尖音), 즉 설첨전음(舌尖前音) z[ts], c[tsh], s[s]와 설첨중음(舌尖中音) d[t], t[th], n[n], l[l]은 물론 설첨후음으로 칭하는 권설음까지 모두 혀끝을 사용하여 발음하므로 [+설관성(舌冠性)]을 지닌다. 설첨음 가운데 권설음은 세계 언어 중 혀가 입천장에 올라갈 수 있는 가장 안쪽으로 발음되는 설관성 자음이라고 말할 수 있다. 권설음은 혀끝이 입천장에 닿아 발음되므로 설관성임에 틀림이 없다. 전강성과 설관성을 기준으로 모든 성모들에 대한 변별적 자질을 나타내보면 아래와 같다.

		전강성	설관성
쌍순음(双唇音)	b[p], p[ph], m[m]	+	−
순치음(唇齿音)	f[f]	+	−
설첨전음(舌尖前音)	z[ts], c[tsh], s[s]	+	+
설첨중음(舌尖中音)	d[t], t[th], n[n], l[l]	+	+
설면음(舌面音)	j[tɕ], q[tɕh], x[ɕ]	−	+
설첨후음(舌尖后音)	zh[tʂ], ch[tʂh], sh[ʂ], r[r]	−	+
설근음(舌根音)	g[k], k[kh], h[x]	−	−

위에서 보듯이 설첨전음 z[ts], c[tsh], s[s]와 설첨중음 d[t], t[th], n[n], l[l]은 모두 [+전강성]과 [+설관성]을 지니고 있어 다른 변별적

자질로의 구별이 필요하다. 이를 위해 [조찰성(粗擦性 strident)]의 자질을 활용할 필요가 있다.

5.2.6. 조찰성(粗擦性 strident)

조찰성(粗擦性, strident) 자질은 비조찰성(非粗擦性)보다 시끄러운 소리로 보통 마찰음과 파찰음이 이에 속하고 파열음과 공명음은 비조찰성을 지닌다.[8] 그러므로 북경어에서 설첨전음과 설첨중음을 구별하는 가장 좋은 자질로 간주된다.

		조찰성(粗擦性 strident)
설첨전음(舌尖前音)	z[ts], c[tsh], s[s]	+
설첨중음(舌尖中音)	d[t], t[th], n[n], l[l]	−
설면음(舌面音)	j[tɕ], q[tɕh], x[ɕ]	+
설첨후음(舌尖后音)	zh[tʂ], ch[tʂh], sh[ʂ]	+

5.2.7. 권설성(捲舌性 retroflex)

[전강성], [설관성], [조찰성]에서 모두 같은 자질을 공유하는 설면음 j[tɕ], q[tɕh], x[ɕ]와 설첨후음(즉 권설음) zh[tʂ], ch[tʂh], sh[ʂ], r[r]는 다른 자질로 구별할 필요가 있다. 북경어의 권설음은 여타 다른 언어에서 잘 발견되지 않는 음으로 말 그대로 혀가 올라갈 수 있는 입천장 뒤까지 접어 올려 발음되는 것으로 영어의 'church[ʧəːrʧ](교회), judge[ʤʌʤ](판단), shell[ʃel](조개), pleasur[pléʒər](기쁨)'에서 보이는 [ʧ, ʧh, ʤ, ʃ, ʒ]보다 더 뒤에서 발음된다. 그러므로 잇몸에서부터

---

8 Chomsky, N and M, Halle, 1968, *The Sound Pattern of English*, New York: Harper and Row, Publishers. 329쪽 참조.

보면 [ts, tsh, s, z], [ʧ, ʧh, ʃ, ʒ], [tʂ, tʂh, ʂ, r] 순으로 뒤쪽으로 발음된다. 문제는 설면음 j[tɕ], q[tɕh], x[ɕ]와 설면후음 zh[tʂ], ch[tʂh], sh[ʂ], r[r]의 차이점인데 이는 무엇보다도 설면음은 고모음 [i, y]와 결합되는 구개음이라는 점에서 권설음과 구별된다. 그러므로 설면음은 [+구개성(口盖性, palatal)], 권설음은 [−구개성(口盖性 palatal)]을 설정할 수 있다. 또한 북경어가 타 방언과 뚜렷하게 구별되는 것 가운데 하나가 권설음이다. 권설음은 바로 '혀를 말아 올려 발음하는 소리'라는 뜻으로 장소 아닌 발음방법으로 명명되었다. 우리는 여기서 설면음과 권설음을 구별하는 자질을 선택하는데 [구개성] 혹은 [권설성] 하나면 충분하다. 여기서는 [권설성]을 택하기로 하겠다. 이는 권설음(捲舌音)은 바로 [권설성] 하나면 기타 자음과 분명히 구별되는 자질로 충분하며 북경어의 특징을 대표하는 자질로 이보다 더 분명한 것은 없기 때문이다. 물론 촘스키-할레(Chomsky and Halle 1968)의 18개 자질에서는 이 [권설성]이 없지만 이들이 정한 자질 목록만 가지고 현대중국어 자음간의 자질적 특성을 설명하는데 부족하므로 부득이 [권설성]을 첨가하고자 한다. Duanmu(2000)에서도 물론 [권설성]을 주요 자질로 설정하지 않고 있으나 그는 권설음의 특징을 설명할 때는 늘 [권설성] 자질로 설명하고 있는 점을 볼 때 충분히 [권설성]이 현대중국어의 자음을 설명하는 하나의 자질로서 충분하다고 본다.

5.2.8. 자음의 변별적 자질 차트

이상 살펴본 현대중국어의 변별적 자질을 한 차트에 나타내면 아래와 같다.

	有聲性	共鳴性	有氣性	鼻音性	持續性	前腔性	舌冠性	粗擦性	捲舌性
p	−	−	−	−	−	+	−	−	−
ph	−	−	+	−	−	+	−	−	−
m	+	+	−	+	−	+	−	−	−
f	−	−	−	−	+	+	−	+	−
ts	−	−	−	−	−	+	+	+	−
tsh	−	−	+	−	−	+	+	+	−
s	−	−	−	−	+	+	+	+	−
t	−	−	−	−	−	+	+	−	−
th	−	−	+	−	−	+	+	−	−
n	+	+	−	+	−	+	+	−	−
l	+	+	−	−	−	+	+	−	−
tɕ	−	−	−	−	−	−	+	+	−
tɕh	−	−	+	−	−	−	+	+	−
ɕ	−	−	−	−	+	−	+	+	−
tʂ	−	−	−	−	−	−	+	+	+
tʂh	−	−	+	−	−	−	+	+	+
ʂ	−	−	−	−	+	−	+	+	+
r	+	+	−	−	+	−	+	−	+
k	−	−	−	−	−	−	−	−	−
kh	−	−	+	−	−	−	−	−	−
x	−	−	−	−	+	−	−	+	−
ŋ	+	+	−	+	−	−	−	−	−

현대중국어에서는 위의 22개 자음 이외에 무기장애음(无气障碍音) [p, t, ts, tɕ, tʂ, k]가 경성 위치에서 나타나나는 유성음화된 [b, d, dz, dʑ, dʐ, g]를 첨가하면 모두 28개 자음이 표층음으로 나타난다고 볼 수 있다. 본래 기저상 유성음이 발달되지 않은 현대중국어를 감안하면 그 수가 많이 증가한 것이다. 이들 유성음은 상응하는 무기장애음 [p, t, ts, tɕ, tʂ, k]과 단지 [유성성(有声性 voice)]에서만 '+'를 지니고 다른 자질은 똑같다.

5.3. 모음의 변별적 자질 설정과 분석

5.3.1. 현대중국어 모음의 일반적 특징

현대중국어의 모음의 변별적 자질을 알기 위해서는 모음에 대한 일반적인 특징을 알아둘 필요가 있다. 왜냐하면 모음의 변별적 자질 성격을 규정할 때 보통 [고설성(高舌性 high)], [저설성(低舌性 low)], [후설성(后舌性 back)], [원순성(圓脣性 round)]가 필수적으로 들어가는데, 이들 네 자질 가운데 [고설성], [저설성], [후설성] 세 자질은 혓몸 자질로 모음의 분절음을 분석할 때 흔히 사용되는 모음 사각도를 통해서도 쉽게 간파할 수 있으며, [원순성] 자질은 입술 모양을 통해 알 수 있기 때문이다. 더구나 현대중국어의 모음에 대한 변별적 자질을 설정할 경우 기저모음에 한해서 설명하느냐 기저음에서 도출된 다양한 음성(표층음)까지 포함하느냐에 따라 모음의 목록수가 달라질 수 있다. 그간 기존 논저에서는 주로 기저음에 한해 변별적 자질을 분석했으나 여기서는 다양한 표층음까지 포함해서 분석하려 한다. 이는 기저음에서 표층음으로 도출되는 과정을 음운규칙으로 나타내는데 도움을 줄 수 있기 때문이다.

5.3.2. 자음성(子音性 consonantal)과 성절성(成節性 syllabic)

현대중국어 모음에서 자음성과 성절성은 상당히 중요한 자질이다. 성절성은 하나의 음절을 구성할 수 있는 자질로 현대중국어 모음에서 비록 모음의 성격을 갖추고 있지만 개음에 나타나는 반모음 [j, w, ɥ]과 운미를 이루는 [ɪ, ʊ]의 모음은 주요모음에 부가적으로 따르는 요소로 성절성이 아니다. 즉 주요모음만이 성절성을 가진다는 것이다. 한어병음에서 같은 모음으로 표기하더라도 주요모음, 개음, 운미냐에 따라 그들의 성절성이 결정된다. 한어병음 'i'의 예를 들면 설명하면 아래와 같다.

弟 dì /ti/ [ti]: 주요모음 − [+성절성]
年 nián /nian/ [njæn]: 개음 − [−성절성]
爱 ài /Ai/ [aɪ]: 운미 − [−성절성]

위와 같이 한어병음 'i'가 개음과 운미로 사용될 경우 주요모음을 정점으로 하는 음절의 봉우리에 부가적으로 첨부되는 성분으로 그 자체는 성절성을 지니고 있지 않다. 그밖에 성모 위치에 오는 모든 자음은 물론 [+자음성(子音性)]을 지니며, 영성모인 [j, w, ɥ][9] 등은 [−자음성]과 [−성절성]을 지닌다. 다만 개구호(开口呼)의 영성모에 나타나는 [ʔ]는 [+자음성]과 [−성절성]을 지닌다. 이상 음절의 위치에 따라 아래와 같이 변별적 자질을 정리할 수 있다.

	성모 및 영성모	영성모 및 개음	주요모음	운미	운미
	(21개 자음 및 [ʔ])	[j, w, ɥ]		[ɪ, ʊ]	[n, ŋ]
자음성	+	−	−	−	+
성절성	−	−	+	−	−

9 보통화에서는 21개의 子音이 대부분 성모 위치에 출현하지만 子音이 아닌 母音이 한 음절의 첫소리로 오는 경우가 있다. 이는 성모가 '零'이란 뜻으로 零声母라 부른다. 즉 음절의 삼요소인 성조, 성모, 운모 가운데 성모에 자음이 나타나지 않고 운모만 직접 나타나는 것이다. 예를 들면 爱 ài, 外 wài, 言 yán, 原 yuán 같은 음절에서 그 영성모의 모습을 볼 수 있다. 그러나 영성모의 모음은 실제 발음에 있어서 순수한 모음으로 발음되기보다는 자음성질을 지닌 반모음으로 발음된다. 그러한 상황은 첫 번째 모음의 성질에 따라 아래와 같이 다양하게 발음된다. [i], [u], [u] 高母音이 음절의 첫소리로 시작되면 각각 같은 부위의 반모음 [j], [w], [ɥ]로 변하고 기타 모음으로 시작되면 喉塞音 [ʔ]가 첨가된 음으로 발음된다.

다만 모음은 모두 [- 자음성]이므로 아래 모음 변별적 자질 도표에서는 생략하고 성절성만 설정하도록 하겠다.

5.3.3. 모음성(母音性 vocalic)과 긴장성(緊張性 tense)

조음상 구강 통로에서 장애를 받지 않고 자유롭게 공기가 흐르는 동시에 성문의 울림이 있으면 [+ 모음성]이고, 그렇지 않으면 [- 모음성]이다. 모음 가운데 현대중국어에서 개음의 위치에 나타나는 반모음 [w, j, ɥ]는 [- 자음성]과 [- 모음성]을 동시에 지닌다. 그밖에 주요모음과 운미에 나타나는 모음은 모두 [+ 모음성]을 지닌다. 다만 운미에 나타나는 이완모음 [ɪ, ʊ]는 [- 성절성]이다.

긴장음은 근육의 긴장을 동반하고 정확하며 명료하게 발음되는 음이다. 현대중국어에서 주요모음이 주로 긴장음으로 [+ 긴장성(紧张性 tense)]를 지니며, 개음 [j, w, ɥ]과 운미에 나타나는 [ɪ, ʊ] 등은 아래 예와 같이 이완모음(弛緩母音 lax vowel)로 [- 긴장성]을 지닌다.

개음 [j, w, ɥ] — [- 긴장성]

解 jiě /tɕiɤ/ [tɕje]

全 quán /tɕhyAn/ [tɕhɥæn]

完 wán /uAn/ [wan]

운미 [ɪ, ʊ] — [- 긴장성]

盖 gài /kAi/ [kaɪ]

教 jiāo /tɕiAu/ [tɕjaʊ]

현대중국어에서 [긴장성(紧张性)]은 표층음을 설명하는데는 필수불가결한 요소가 된다. 다시 말해 운미에 위치하는 모음은 이완모음으로 바뀐다는 음운규칙은 V → [– tense] / (C) (V) V ___ #로 표현할 수 있기 때문이다.

5.3.4. 원순성(圓脣性 round)

원순음은 입술을 둥글게 오므려서 내는 소리이다. 현대중국어에서 [ɯ, u, ʊ, o] 등 후설성 모음과 전설모음 가운데 [y, ɥ, Y] 등이 [+원순성(圆唇性)]에 해당된다. 현대중국어에서 원순성을 지닌 기저음은 /u, y/ 밖에 없다. 반모음 [w, ɥ]는 개음이나 영성모 위치에서 나타나고, 이완모음 [ʊ, Y]는 운미에서나 혹은 비음운미 앞에서 나타난다. [o]는 기저음으로 나타나지 않으며, 이 음의 기저음은 바로 /ɤ/이다. 이 /ɤ/ 기저음은 원순성 모음 /u/ 앞 혹은 뒤에서 표층음 [o]가 된다. 예를 들면, 운미 /u/ 앞에서 [o]로 변하는 예로 州 zhōu /tʂɤu/ [tʂoʊ]를 들 수 있고, 원순모음 /u/ 뒤에서 [o]로도 변하는 예로 作 zuò /tsuɤ/ [tswo]을 들 수 있다.

5.3.5. 후설성(后舌性 back)과 전설성(前舌性 front)

후설성은 혀 뒤에서 발음되는 것으로 [ɯ, u, ʊ, o, ɑ] 등 5개 모음은 [+후설성(后舌性)]에 해당되고, 전설모음(前舌母音 front vowel) [j i ɪ ɿ y ɥ Y e æ a]는 물론 [–후설성]이다. 중설모음(中舌母音 central vowel) [ʅ ə ɤ A]는 [–back] [–front]으로 설정한다. 일반적으로 모음이 발음되는 혀의 앞뒤에 관해 [후설성] 자질만 사용하는 것이 통례이지만 여기에서 굳이 [후설성]과 [전설성]을 동시에 사용하는 이유는 기저모음 /i, u, y, A, ɤ/만 변별적 자질을 설정하려면 모음의 수가 비교적 적으므로 [후설성]만으로도 가능하다. 그러나 19개의 표층음을 다루려면 더욱 세밀한 자질이 필요하다. 예를 들어 기저음 /A/에 대해 安 ān

/An/ [an], 阿 ā /A/ [A], 阳 /iAŋ/ [jɑŋ], 言 yán /iAn/ [jæn] 등에서 보듯이 [a, A, ɑ, æ] 네 개 표층음이 나타나는데 이들을 구별시키기 위해 [a]는 [+전설성] [−후설성], [A]는 [−전설성] [−후설성], [ɑ]는 [−전설성] [+후설성], [æ]는 [+전설성] [−후설성]과 같이 설정할 수 있다. 또한 기저모음 /i/에 해당되는 설면음 基 jī /tɕi/ [tɕi], 설첨음 資 zī /tsi/ [tsɿ], 권설음 知 zhī [tʂʅ]의 표층음 [i, ɿ, ʅ]에서 설면모음 [i]와 설첨모음 [ɿ]은 권설모음 [ʅ]보다 상대적으로 앞에서 발음되므로 [−후설성] [+전설성]에 해당되다고 볼 수 있고, 권설모음 [ʅ]은 기저모음 /i/ 가운데 가장 뒤에 발음되나 [−후설성]이면서 [−전설성]으로 볼 수 있다.

5.3.6. 고설성(高舌性 high)과 저설성(低舌性 low)

턱을 높이 올려 발음되는 모음으로 중설모음(中舌母音) 위에 해당되는 [j, ɥ, w, i, ɿ, ʅ, y, u, ɪ, Y, ʊ] 등 11개 모음이 [+고설성]에 해당되며, 그외 중설모음과 저설모음(低舌母音)은 [−고설성]에 해당된다. [+고설성]에 해당되는 예를 들면 아래와 같다.

A. 기저음 / i /에서 도출된 음

[ʅ]: 知 zhī /tʂi/ [tʂʅ] − 권설성모 뒤에서

[ɿ]: 自 zì /tsi/ [tsɿ] − 설첨성모 뒤에서

[j]: 借 jiè /tɕiɤ/ [tɕje] − 개음에서

[ɪ]: 爱 ài /Ai/ [aɪ] − 운미에서

[i]: 基 jī /tɕi/ [tɕi] − 주요모음에서

B. 기저음 /u/에서 도출된 음

[w]: 关 guān /kuAn/ [kwan] − 개음에서

[ʊ]: 告 gào /kAu/ [kaʊ] — 운미에서

[u]: 五 wǔ /u/ [wu] — 주요모음에서

C. 기저음 / y /에서 도출된 음

[ɥ]: 权 quán /tɕhyAn/ [tɕhɥæn] — 개음에서

[Y]: 运 yùn /yn/ [ɥYn] — 비음운미 앞에서

[y]: 雨 yǔ /y/ [ɥy] — 주요모음에

위와 같이 비록 모두 언어 환경에 따라 모음의 성질이 약간 변화되었지만 기저음 /i u y/의 [+고모음] 성격은 표면음에서도 그대로 유지하고 있다.

위에서 열거한 고모음 이외에 중설모음 아래에 위치한 저설모음 [æ, a, A, ɑ]는 [+저설성]에 해당된다. 한편 중설모음 [e, ə, ɤ, o]는 [−back], [−low]에 해당된다고 볼 수 있다.

5.3.7. 모음의 변별 자질 차트

19개 표면음에 대한 변별 자질을 만들어 보면 아래와 같다.

	成节性	母音性	紧张性	圆唇性	后舌性	前舌性	高舌性	低舌性
i	+	+	+	−	−	+	+	−
j	−	−	−	−	−	+	+	−
ɪ	−	+	−	−	−	+	+	−
ɿ	−	+	+	−	−	+	+	−
ʅ	−	+	+	−	−	−	+	−
ɥ	−	−	−	+	−	+	+	−
y	+	+	+	+	−	+	+	−
Y	−	+	−	+	−	+	+	−
u	+	+	+	+	+	−	+	−

w	−	−	−	+	+	−	+	−
ʊ	(+)	+	−	+	+	−	+	−
e	+	+	+	−	+	+	−	−
ə	+	+	−	−	−	−	−	−
ɤ	+	+	+	−	−	−	−	−
o	+	+	+	+	+	−	−	−
æ	+	+	+	−	−	+	−	+
a	+	+	+	−	−	+	−	+
A	+	+	+	−	−	−	−	+
ɑ	+	+	+	−	+	−	−	+

[ʊ]의 경우 성절성에서 (+)를 사용한 이유는 운미에서는 [−성절성]을 지니기 때문이다. 즉 高 gāo /kau/ [kɑʊ]와 같이 기저음 /u/가 운미로 사용될 경우 이완모음 실현되어 [−성절성]이지만, 中 zhōng /tʂuŋ/ [tʂʊŋ]과 같이 주요모음로 사용되고 있으므로 [+성절성]이 된다.

이상 살펴본 5개 기저음 [i, y, u, ɤ, a]와 이 기저음에서 파생하는 19개의 표면음에 대해 변별적 자질을 제공하고 있다. 물론 학자마다 기저음과 표면음에 대해 의견이 다를 수 있음은 당연한 일이다.

6. 음절구조

한 언어를 구사하는 원어민(native speaker)은 어떤 말소리가 자국어에 쓰이는 소리인가를 즉시 안다. 예를 들어 한국인이 중국어의 권설음 [zhè], [chē]를 들어보면 금방 우리말이 아님을 알아차린다. 또한 원어민은 자국어에서 음소들이 어떻게 배열되는가를 무의식중에 알고 있다. 즉 어떤 음소 배열이 가능하고 불가능한지를 알고 있다. 우리말에 '격'은 가능하지만 'ᄸᅧᆨ', 'ᄢᅫᆶ', 'ᄭᅪᇀ'과 같은 음절은 불가능함을 가르쳐주지 않아도 알고 있다. 국어의 음절은 자음 – 모음 – 자음(즉 초성 – 중성 – 종성)의 구조를 갖는데 초성 부분에 자음 두 개가 올 수 없고 종성 부분에는 초성 부분에 올 수 없는 ㅄ, ㄺ, ㅀ 등이 있음을 안다.

6.1. 음절구조의 특징

중국어의 음절은 크게 성모(声母), 운모(韵母), 성조(声调)로 구성된다. 한국어의 음절은 보통 초성(初声), 중성(中声), 종성(終声)으로 구성되는데 세 요소의 음가가 존재해야 그 명칭이 부여되지만 중국어 음절은 음가적(音價的) 개념이라기보다는 위치적 개념에 중점을 둔다. 즉, 한국어에서는 '인'이라는 음은 초성이 없어 중성(中声)과 종성(終声)만 존재한다고 하지만 중국어에서 '因 yīn /in/'과 같은 본래 성모 자리에 음가는 없지만 아무튼 제로(zero) 음가를 지닌다 하여 '영성모(零声母)'라 칭한다. 그러므로 영성모라는 개념은 성모 위치에 어떠한 자음적 요소가 존재하지 않는 것을 가리킨다.

주지하다시피 중국어는 성조언어(tonal language)이기 때문에 음절에 성조가 반드시 있어야 한다. 운모는 성모 뒤에 따르는 모든 음가로 개음(介音)과 운(韻)으로 구성된다. 현대중국어에서 개음 위치에 올 수 있는 음은 [i, ü, u]가 있다. 운이란 용어는 사실 전통적으로 시가(诗歌)의 압운(押韻)은 성모와 개음은 어떠한 것이라도 괜찮지만 성조, 주요모음, 운미가 일치하는 한자를 사용해야 했으므로 개음 바로 뒤에 위치하는 부분을 운(韻)이란 용어를 쓰게 된 것이다.

모든 세계 언어가 그렇듯 정상적인 음절 가운데 모음이 있어야 발음이 되듯 중국어에서도 주요모음은 성조와 함께 반드시 존재해야 한다. 이는 어느 세계 언어든지 모음이 없으면 하나의 음절을 이룰 수 없기 때문이다. 물론 영어의 little [litl̩], bottom [batm̩], curtain [kə:tn̩]과 같이 [m, n, ŋ, l] 등의 공명음(共鳴音)이 하나의 음절을 이루는 경우도 있다. 그러나 보통화와 한국어는 유음이 음절을 이루는 경우는 없으며 모두 모음이 음절을 이루는 주요 요소가 된다. 한 한자가 한 음절을 이루는 중국어에는 주요모음이 반드시 존재한다.

마지막으로 주요모음 다음에는 운미(韻尾)가 따르는데 현대중국어에서는 母音은 [-i, -u]만이 그리고 자음으로는 [-n, -ŋ]만이 운미가 될 수 있다. 이는 현대중국어가 매우 간략한 음절을 이루는 결정적인 역할을 하고 있다. 한국어의 종성 위치에 '닥, 닭, 달, 답, 담, 당, 단, 닷, 닦, 닮' (음성적으로 단독으로 출현할 경우 실제적으로 -t, -l, -p, -k, -m, -n, -ŋ 자음운미만으로 발음된다) 등 현란한 음들이 있는 것과 비교해 보라. 중국어의 음절은 아래와 같은 도표로 나타낼 수 있다.

중국어 음절구조

<table>
<tr><td colspan="4">声调</td></tr>
<tr><td rowspan="3">声母</td><td colspan="3">韻母</td></tr>
<tr><td rowspan="2">介音</td><td colspan="2">韻</td></tr>
<tr><td>主要母音</td><td>韻尾</td></tr>
</table>

위의 음절구조 가운데 '운(韻)'을 독립적으로 나타낸 것은 전통적인 분석 방법이라고 볼 수 있다. 중국의 운문(韻文)에서 압운(押韻)의 조건은 성모와 개음에 관계없이 성조, 주요모음 및 운미가 일치해야 하나의 운(韻)에 속한다. 그러므로 압운(押韻)의 운(韻)이란 주요모음과 운미를 가리킨다고 볼 수 있다. 중국어의 음절구조를 영어 용어와 함께 수형도(树型图)로 나타내 보면 아래와 같다.

```
            音节(Syllable)
             /         \
   分节音(Segment)  超分节音(Suprasegment—Tone)
   /       \
声母(Initial)  韻母(Final)
              /        \
     介音(Medial)   韻(Rhyme)
                    /         \
      主要母音(Main Vowel)  韻尾(Ending)
```

다시 위의 도표를 간단히 기술하면 다음과 같다.

$$S = \frac{T}{(C)(V_1)V_2(E = V_3 \text{ or } N)}$$

(S = Syllable 음절, T = Tone 성조, C = Consonant 자음, V = Vowel 모음, E = Ending 운미, N = Nasal 비음)

위의 영어 기술에서도 보듯이 성조(Tone)와 주요모음(V_2)은 반드시 중국어 음절에 있어야 하며 그 나머지 요소는 선택적이다.

현대중국어에서는 영어의 'close [klouz]'에서의 'kl'와 같은 복성모(複声母)가 존재하지 않는다. 복성모는 중국어 음운사에서 상고음에는 존재했다고 여겨지나 중고음부터는 탈락되어 현재에 이른다. 음절구조에 대한 구체적인 예를 들어 보자.

1) V_2	/y[ü]/	雨	: 단독으로 음절을 구성할 수 있는 주요모음으로는 /y, i, u, ɤ, A/가 있다.
2) V_1V_2	/iA/	牙	: 여기서 V_1은 介音으로 /i, u, y/가 올 수 있다.
3) $V_1V_2V_3$	/iAu/	腰	: V_3은 母音韻尾로 /i, u/만 올 수 있다.
4) CV_2	/li/	李	
5) CV_2V_3	/lAi/	来	
6) $CV_1V_2V_3$	/khuAi/	快	
7) V_2E ┌ VN	/An/	安	: 韻尾가 鼻音 /-n/ 혹은 /-ŋ/으로 끝나는 경우
└ V_2V_3	/Ai/	爱	: 韻尾가 母音 /-i/ 혹은 /-u/로 끝나는 경우
8) V_1V_2N	/uAn/	万	
9) CV_2N	/pAn/	半	
10) CV_1V_2N	/niAn/	年	

위에서 보듯이 현대중국어의 음절은 衣 yī, 五 wǔ, 雨 yǔ, 饿 è, 阿 ā와 같이 주요모음만 존재하는 한 개의 음소에서 快 kuài, 年 nián, 庄 zhuāng과 같은 네 개의 음소로 구성된 음절도 있다.

현대중국어는 $V_1V_2V_3N$(예로 [uain])이나 $CV_1V_2V_3N$(예로 [niaun])과 남방방언에는 나타나는 입성(入声) [-p, -t, -k, -ʔ]는 존재하지 않는다. 수당대(隋唐代)의 중고음(中古音)에 입성이었던 [-p, -t, -k]는 모두 탈락되었고 중고음의 비음운미(鼻音韻尾) 가운데 [-m]은 모두 [-n]으로 변했다. 그러므로 현대 보통화에서 자음운미(子音韻尾)로는 [-n, -ŋ]만 이 나타난다.

6.2. 사호(四呼)

전통적으로 중국어 운모(韻母)의 성질을 분류하는 방법으로 '사호(四呼)'가 있다. 이 사호를 나누는 기준은 아래와 같다.

(1) 개구호(开口呼 kāikǒuhū): 개음이 없고 주요모음에 [i, u, ü]가 나타나지 않는 운모이다. 예를 들어 a, er, ei, ang, ao와 같은 운모이다.
(2) 제치호(齐齿呼 qíchǐhū): 개음 혹은 주요모음에 [i] 모음이 나타나는 운모이다. 예를 들면 i, ia, ie, iao, iou, ian 같은 운모이다.
(3) 합구호(合口呼 hékǒuhū): 개음 혹은 주요모음에 [u] 모음이 나타나는 운모이다. 예를 들면 u, uan, uo, uai, uei, uang과 같은 운모이다.
(4) 촬구호(撮口呼 cuōkǒuhū): 개음 혹은 주요모음에 [ü] 모음이 나타나는 운모이다. 예를 들면 ü, üan, üe, ün과 같은 운모이다.

사호(四呼)는 실제로 한 음절 가운데 가장 먼저 나타나는 모음의 성격에 따라 그 속성이 규정되는 것이다. 즉 운모의 처음에 위치하는 개음 [i], [u], [ü]에 따라 四呼를 결정하지만, 만약 개음이 없을 경우 주요모음이 [i], [u], [ü]에 따라 제치호(齐齿呼), 합구호(合口呼), 촬구호(撮口呼)를 결정하면 된다. 개음과 주요모음 위치에 [i], [u], [ü]와 같은 고모음이 없고, 중모음 [e]나 저모음 [a]가 나타나면 개구호(开口呼)가 된다.

사호(四呼) 이외에 전통적으로 운모의 성격에 따른 분류로 홍음(洪音)과 세음(細音)이라는 용어도 있다. 홍음은 개구호와 합구호를 모두 가리키고, 세음은 제치호와 촬구호를 모두 가리킨다. 세음(細音)은 말 그대로 입을 가느다랗게 벌려나오는 소리, 즉 제치호 [i]와 촬구호 [ü]가 포함된 운모이므로 전설고모음의 부류에 속한다. 반면 홍음(洪音)은 입을 넓게 벌려 나오는 소리, 즉 전설고모음 [i, ü]로 시작되지 않는 모든 운모를 가리킨다.

6.3. 성모와 운모의 조합

보통화는 영성모를 포함하여 성모가 모두 22개이다. 운모의 숫자는 일반적으로 36개가 존재한다고 본다. 하지만 한어병음에서 [i]로 표기되는 모음 가운데 설면음 ji, qi, xi의 [i]를 하나로 분리하고, 권설음 zhi, chi, shi, ri의 권설모음 [ʅ]과 설첨음 zi, ci, si의 설첨모음 [ɿ]를 합해 하나로 삼는다면 37개가 된다. 이들 성모 22개 곱하기 운모 37개는 814개이므로 이론적으로 814개의 성모와 운모 결합이 가능하다. 하지만 실제 언어생활에서 나타나는 음절수는 그 반 정도인 410개 정도로 제한된다. 이들 성운모의 결합에 대한 제한은 대략 아래 도표와 같이 성모의 발음 위치와 모음의 성격에 따라 그 규칙이 정해진다.

성모와 운모 조합 규칙표

<table>
<tr><td colspan="2" rowspan="2">사호(四呼)
조음장소</td><td colspan="2">개구호</td><td>제치호</td><td>합구호</td><td>촬구호</td></tr>
<tr><td>a
ɤ(e, o, ə)</td><td>-ʅ
-ɿ</td><td>i</td><td>u</td><td>y</td></tr>
<tr><td colspan="2">양순음 p, ph, m</td><td>+</td><td></td><td>+</td><td>+</td><td></td></tr>
<tr><td colspan="2">순치음 f</td><td>+</td><td></td><td></td><td>+</td><td></td></tr>
<tr><td colspan="2">설첨전음 ts, tsh, s</td><td>+</td><td>-ɿ</td><td></td><td>+</td><td></td></tr>
<tr><td rowspan="2">설첨중음</td><td>파열음 t, th</td><td rowspan="2">+</td><td rowspan="2"></td><td rowspan="2">+</td><td rowspan="2">+</td><td></td></tr>
<tr><td>공명음 n, l</td><td>+</td></tr>
<tr><td colspan="2">설첨후음 tʂ, tʂh, ʂ, r</td><td>+</td><td>-ʅ</td><td></td><td>+</td><td></td></tr>
<tr><td colspan="2">설면음 tɕ, tɕh, ɕ</td><td></td><td></td><td>+</td><td></td><td>+</td></tr>
<tr><td colspan="2">설근음 k, kh, x</td><td>+</td><td></td><td></td><td>+</td><td></td></tr>
<tr><td colspan="2">영성모 ø</td><td>+</td><td></td><td>+</td><td>+</td><td>+</td></tr>
</table>

위의 도표에서 '+'는 결합이 가능한 경우를 나타내고 빈 칸은 가능하지 않음을 나타낸다. 전통적인 四呼의 관점에서 살펴보면 모음 /a, ɤ (음성적으로 ɤ, e, o, ə 네 모음이 모두 가능)/는 개구호(开口呼)를 나타내고, /i/는 제치호(齐齿呼), /u/는 합구호(合口呼), /y/는 촬구호(撮口呼)를 나타낸다. 기저모음이 /i/이지만 권설음 뒤에 실현되는 권설모음 [ʅ]와 설첨음 뒤에 실현되는 설첨모음 [ɿ]는 개구호에 속한다. 대체적으로 아래와 같은 성모와 운모 결합 규칙이 있다.

① 양순음 [p, ph, m]은 촬구호 [y]와는 결합하지 않는다.
② 순치음 [f]는 전설모음 [i, y]와는 결합하지 않는다.
③ 설첨중음 [t, th]는 촬구호 [y]와는 결합하지 않는다.
④ 공명음 [n, l]은 사호(四呼)의 모든 운모와 결합이 가능하다.
⑤ 설면음 [tɕ, tɕh, ɕ]는 전설모음 [i, y]로 시작되는 모음만 결합이 가능하다.
⑥ 설첨전음 [ts, tsh, s], 설첨후음 [tʂ, tʂh, ʂ, r], 설근음 [k, kh, x]는 전설모음 [i, y]와 결합되지 않는다.
⑦ 영성모는 사호의 모든 운모와 결합이 가능하다.

6.4. 성모, 운모, 성조의 배합

성모, 운모, 성조를 모두 포함하여 살펴볼 경우 너무나 복잡하여 그 결합 규칙을 찾아내기가 힘들지만 아래와 같은 특징이 보인다.

(1) 한어병음의 'b-, d-, g-, j-, zh-, z-' 성모와 비음운미 -n, -ng가 결합할 경우 2성은 나타나지 않는다. 예를 들어 干 gān, 感 gǎn, 赣 Gàn, 刚 gāng, 港 gǎng, 杠 gàng 등과 같이 성모 g-와 비음운미 -n, -ng가 결합될 경우 2성이 나타나지 않는다. 예외로 '甭'字는

béng으로 발음되어 성모 b-와 -ng가 결합되었다. 이는 북경어에서 búyòng(不用)의 合音이므로 예외적이라고 볼 수 있다. 물론 'b-, d-, g-, j-, zh-, z-' 성모가 비음운미 이외의 운모와 결합하면 모든 성조가 나타날 수 있다. 예를 들어, 성모 zh-와 운모 -i가 결합하면 知 zhī, 直 zhí, 只 zhǐ, 至 zhì와 같이 모든 성조와의 결합이 가능하다.

(2) 한어병음의 'p, t, k, q, ch, c' 성모는 비음운미가 있든 없든 상관없이 4성 모두와 결합이 가능하다.

6.5. 음절구조에 대한 새 이론

6.5.1. 온음절의 길이와 구조

'온음절(full syllable)'이란 짧고 약화된 경성이 아닌 온전히 발음되는 일반적인 음절을 뜻한다. 온음절은 한 음절 내에서 분절음의 많고 적음에 관계없이 그 실제 발음되는 길이는 비슷하다는 것이 지금까지의 연구 결과이다. 다시 말해, 하나의 분절음을 지닌 '衣 yī 옷 /i/'와 네 개의 분절음을 지닌 '庄 zhuāng 마을 /tʂuAŋ/' 은 실제 발음되는 길이에서 비슷하다는 얘기이다.

예를 들어, 일상 대화에서 현대중국어의 이중모음은 단모음보다 그렇게 길지는 않다고 아래와 같이 크라토크빌(Kratochvil)은 말하고 있다.

> 현대중국어(관화) 원어민이 비슷한 조건에서 기록한 [pà] bà, [pò] bò, 및 [pào] bào 세 음절의 모음 길이는 아래와 같은 결과를 얻게 되었는데: [pà]의 [-à]는 0.23 초, [pò]의 [-ò]는 0.22 초, 그리고 [pào]의 [-ào]는 0.28 초였다. [-ào]는 [-à] 혹은 [-ò]보다 길지만 (즉 0.28초 : 0.23초, 0.22초), [-à]와 [-ò]를 합친 길이보다는 훨씬 짧았다 (즉 0.28 초 : 0.45 초). (The duration of vowels in the syllable

[pà] bà, [pò] bò, and [pào] bào recorded by the same [Mandarin] speaker in similar conditions was measured with these results: [-à] in [pà] 0.23 sec, [-ò] in [pò] 0.22 sec, and [-ào] in [pào] 0.28 sec. [-ào] lasted longer than either [-à] or [-ò] (0.28:0.23, 0.22 sec), but its duration was much smaller than the total of durations of [-à] and [-ò] (0.28 sec:0.45 sec).) (Kratochvil 1968: 31 참조).

음절 내에서 단모음이든 이중모음이든 실제 발음상 그 길이가 별반 차이가 없다는 관점에서 우리는 단모음을 이중모음과 같은 '시간단위(timing slot)'로 간주할 수 있다. 이들 음절구조를 'X 이론(X theory)'이라는 음절 표시 접근법으로 분석해볼 수 있다. X 이론이란 '시간단위(timing slot)'를 기준으로 시간단위를 'X'로 나타낸다. 'X 이론'은 음절에서 시간을 중시하는 이론으로 단음은 시간단위가 하나이고, 장음은 둘(또는 그 이상)의 시간단위를 갖는다.

'霸'의 기저음 /pA/와 표면음 [pA:] 혹은 [pAA]의 관계와 '抱'의 기저음 /pAu/와 표면음 [pɑʊ]의 관계를 시간개념을 잘 설명하고 있는 'X 이론'으로 나타내보면 아래와 같다.

```
 S        S       S = syllable(음절)
 /\       /\
O R      O R      O = onset(두음), R = rhyme(운)
| /\     | /\
X X X    X X X    X = timing slot(시간 단위)
|  \/    | | |
/p  A/   /p A u/  (기저음, underlying sound)
[p A A]  [p ɑ ʊ]  (표면음, surface sound)
  霸       抱
```

위와 같이 'X 이론'은 현재 중국어 단모음이 표면음에서는 장모음으로 발음되는 현상을 시간단위(X) 표시로 분명하게 나타낼 수 있는 장점이 있다.

이상 살펴본 바와 같이 온음절에서의 음절의 길이는 그 음절내 분절음 수의 많고 적음에 관계없이 거의 비슷하며, 이로 인하여 그 음절구조내 시간단위(timing slot)도 같게 표시할 수 있어 기본적으로 표층음상의 음절구조는 세 개의 시간 단위를 갖는 CVX 구조로 만들 수 있다. 결국 온음절의 운에서 단모음이든 이중모음이든 모두 시간단위는 두 개를 지닌다. 단모음은 기저음에서 하나의 모음이지만 표면층에서 장모음 혹은 단모음이 중복으로 표기되어 이중모음과 똑같이 두 박자를 이루게 된다.

6.5.2. 약음절의 길이와 구조

약음절(weak syllalbe)은 보통 경성을 지칭한다. 본조(本调)와 경성의 음 길이에 대해 Dreher, Hohn J and Lee Pao-Ch'en(1966)은 '단음절어'와 '단음절어+경성'의 예를 들며 아래와 같이 소개하고 있다.

단음절어	단음절어+경성
吃 : 0.302 초	吃+了: 0.221 초+0.109 초
来 : 0.387 초	来+了: 0.286 초+0.130 초
走 : 0.412 초	走+了: 0.288 초+0.150 초
去 : 0.256 초	去+了: 0.207 초+0.125 초

위의 결과에서 보듯이 단연 경성은 단음절어에 비해 짧으며, 또한 경성과 함께 나타나는 본조는 단독으로 발음될 때보다 조금 짧아짐을 알 수 있다.

林焘(1983)도 아래와 같은 '重音＋重音'과 '重音＋轻音'으로 구성된 이음절어의 音长을 알아보기 위해 60명의 북경대 중문과 학생들을 대상으로 아래 단어를 실험해보았다.

<u>重重</u>　<u>重轻</u>

鸭头 : 丫· 头

大衣 : 大 · 意(부주의하다)

马头 : 码 · 头

결론적으로 '重＋重'형은 '210ms＋240ms=450ms'가 가장 보편적으로 잘 구별되는 길이이고, '重＋轻'형은 '210ms＋140ms=350ms'가 가장 잘 구별되는 음의 길이로 나타나고 있다. 전체적으로 앞의 음절은 같다고 보고 뒤의 음절이 重音일 경우 240ms이고 轻音일 경우는 140ms로 100ms 정도 길이에서 짧게 나타나고 있다. 이는 바로 음성학적으로 경음의 음절이 중음의 음절보다 훨씬 짧음을 보여주고 있는 것이다.

이상 살펴본 현대중국어 음절의 길이가 重音으로 발음할 때와 轻音으로 발음할 때가 다르다는 점을 인정한다면 우리는 음절구조를 다양하게 만들 필요성이 제기된다. 전통적으로 성조를 제외한 음절을 '성모＋개음＋주요모음＋운미'로 분석하고 있다. 한 음절은 주요모음만이 존재하는 1개의 분절음에서 최대 4개의 분절음이 가능하다고 보고 있다. 이러한 전통적인 분석에서는 표면상 나타나는 짧은 경음의 특징을 잘 설명하지 못하고 있다.

Duanmu(2000)는 온음절(full syllable)과 약음절(weak syllable)의 두 가지 음절이 있다고 보고 있다. 이는 전통적인 분석에서 온음절과 약음절이 모두 하나(모음 V)에서 네 개(CGVX)까지 다양한 음의 길이를 갖는 것(여기서 C는 자음, G는 활음, V는 모음, X는 비음 또는 이중 모음의 하강활음 off glide이다)과는 달리 세 자리(CVX)를 갖는 온음절과 두 자리(CV)를 갖는 경음절(light syllable)이라는 두 가지 음절구조만을 갖고 있다고 주장하는 것이다. 이들 온음절과 약음절의 구조는 아래와 같다(Duanmu 2000:81 참조).

```
(a) 온음절        (b) 약음절
     S                 S
     /\                /\
   O  R              O R
   |  /\             | |
   X X X             X X
   C V X             C V
```

(S = syllable(음절), O = onset(头音), R = rhyme(韵), X = 시간 단위)

Duanmu(2000:81)는 (a)를 CVX, (b)를 CV 구조라고 부르고 있는데, 여기서 C는 자음이고, V는 핵음이며, X는 말음이다. 분명히 본조로 읽는 온음절은 시간단위(timing slot, 즉 X로 표시한다)가 세 개이지만, 경성은 약음절로 두 개의 시간단위만 갖는 음절구조를 만들고 있다.

약음절에서 음의 길이가 온음절에 비해 보통 50% 줄어든다는 실험결과에 의거하여 약음절의 음절구조를 CV로 Duanmu(2000)는 설정하고 있는데, 이는 단지 실제 발음에 나타나는 표면음이지 중국인의 뇌리 속에 저장된 기저음을 의미하는 것은 아니다. Duanmu(2000)의 이론에 의거하자면 약음절의 음절구조가 CV이므로 약음절이 되는 경성의 음절구조는 CV로 여겨 종국적으로 경성의 기저형 음절구조도 CV가 된다고 오인하기 쉬운데, 이는 경성의 기저형과 표면형에 해당되는 음절구조에 대해 Duanmu(2000)가 분명히 밝히지 않고 있기 때문이다. Duanmu의 CV 구조는 약음절에 대한 기저음이 아니라 표면음을 나타내는 것이다.

7. 성조(声调)

지금까지 자음과 모음을 얘기했는데 이는 소리의 흐름을 토막으로 나눠서 나타낼 수 있으므로 분절음(分节音 segment)이라 한다. 예를 들어 중국어의 见 jiàn [tɕiàn]은 [tɕ], [i], [a], [n] 등 2개의 자음과 2개의 모음 등 모두 네 개의 분절음으로 구성된 것이다. 여기에 성조가 덧붙여지는데, 이와 같이 분절음 위에 얹혀서 나는 요소를 초분절 자질(超分节 資质 suprasegmental feature) 혹은 운율자질(韻律資质 prosodic feature)이라 한다. 이 초분절 자질로는 강세(强弱 loudness), 고저(高低 pitch), 장단(长短 length) 등이 있는데 중국어와 관련되는 것은 음의 고저승강(高低昇降)으로 의미가 변별(辨别)되는 성조(声调 tone)가 있다.

7.1. 성조의 의미 변별 기능

성조는 중국어의 음절 구조상 없어서는 안 되는 중요한 요소이다. 중국어는 성조언어(tonal language)라고 한다. 이는 성조가 비록 초분절음이지만 의미를 변별하는 기능을 갖기 때문이다. 전통적으로 중국음운학자들은 성조를 성모와 운모와 더불어 중국어의 음절을 구성하는 삼대요소(三大要素) 가운데 하나로 여겼다.

중국어의 음운사를 연구하는데 있어서 상고중국어에서 현대중국어에 이르기까지 줄곧 이들 성모, 운모, 성조를 중심으로 연구하는 이유가 바로 의미를 변별하는데 각각 중요한 역할을 하기 때문이다. 아래는 성모와 운모는 같으나 단지 성조가 다름으로써 의미가 구별되는 예들이다.

ke

科 kē 과

咳 ké 기침하다

可 kě 허가하다

刻 kè 새기다

pu

扑 pū 뛰어들다

仆 pú 하인

普 pǔ 보편적이다

铺 pù 가게

위와 같이 단음절어 경계에서 뿐만이 아니라 '东西(dōngxi 물건)'과 '东西(dōngxī 동쪽과 서쪽)' 같이 다음절어 내에서도 성모와 운모가 같으나 성조가 달라 의미가 달라진 것도 있다. 그만큼 성조가 의미 변별에 중요한 위치를 차지하고 있다.

7.2. 성조의 종류－조류(調類)

7.2.1. 경성은 조류(調類)에 속하지 않는다

현대 북경 중국어는 네 개의 성조가 존재한다. 경성(轻声 neutral tone)을 포함해서 다섯 개의 성조가 있다고 착각할 수 있으나 경성은 기저성조(基底声调 underlying tone)가 아닌 표출성조(表出声调 phonetic tone)이므로 조류(调类)에 속하지 않는다. 즉 경성자라도 본래 자신의 고유한 성조를 갖고 있으며 어휘 혹은 문장 가운데 발휘하는 기능과 위치에 따라 본조(本调) 혹은 경성으로 발음된다.

예를 들어 '吗'는 의문문의 어기조사로 기능을 할 때 반드시 문장 끝에 쓰이면서 경성으로 발음되지만 하나의 어휘 속에서 '吗啡(mǎfēi)'일 때 약품(藥品)으로 '모르핀(morphine)'을 나타내고 있다. 또한 '的'은 '我的书 (wǒ de shū 나의 책)와 같이 구조조사로 사용될 때는 언제나 경성이지만 '的确(díquè 확실히)'와 같은 어휘에서는 2성으로 사용되고 있다. 또한 '子'의 경우 '桌子(zhuōzi 탁자)'와 같이 접미사로 사용되어 '子(아들)'의 의미가 없는 경우에 경성으로 발음되고, '子息(zǐxī 자식)'과 같이 본래의 의미가 유지되면 본조(本调)를 유지한다. 하지만 '老师(lǎoshī 선생님)'의 '老' 가 '늙다'는 의미 없이 사용되는 접두사이지만 단어의 첫음절에 나오기 때문에 경성으로 발음되지 않는다. 이와 같이 경성으로 읽는 한자는 보통 본래의 의미가 사라지지만 접미사와 같이 단어의 끝에 나오면 경성으로 발음되고, 접두사와 같이 단어의 첫음절에 나오면 경성으로 발음되지 않는다.

이상 경성은 어휘 혹은 문장에서 항상 고정된 위치에서 나타나며, 문법적 기능을 발휘하는 동시에 본래 한자의 의미가 사라진다. 경성으로 발음되는 한자조차 본래의 성조가 있으며 그 기능, 위치, 의미에 따라 경성 혹은 본조를 예측할 수 있다. 결국 경성은 어구(语句) 중에서 나타난 표출성조로 하나의 조류(调类)로 볼 수 없다.

중국어의 역사를 살펴보더라도 본래 경성은 존재하지 않았다. 위진남북조(魏晋南北朝)와 수당(隋唐) 시대의 중고음(中古音)을 대표하는 《절운(切韻)》 계통의 운서(韻书)에는 평상거입(平上去入) 사성(四声)에 해당되는 한자만 수록했지 경성자는 수록하지 않았으며 또한 언급도 없어 그 당시에는 경성은 존재하지 않았을 것이며 원대(元代) 당시의 북경어를 대표하는《중원음운(中原音韻)》에서도 경성자 수록이 없어 조기관화(早期官话)에도 경성의 존재는 분명치 않다.

지금도 어느 방언이든 '孔子' '老子'와 같이 문언문의 단어에는 경성으로 읽지 않으며, 비교적 옛 음을 많이 보존하고 있는 남방방언, 즉 객가어(客家语), 광동어(广东语), 민남어(閩南语) 등은 경성이 적다. 이로 보아 경성이 많이 나타나는 북경어는 고음(古音)과 현재의 남방방언에 비해 많이 변화된 언어라고 말할 수 있다.

7.2.2. 사성(四聲) – 음평(陰平), 양평(陽平), 상성(上聲), 거성(去聲)

현대 북경 중국어의 성조는 네 개가 존재하며 이들 명칭은 음평(阴平), 양평(阳平), 상성(上声), 거성(去声)이라고 부르기도 하고 1성, 2성, 3성, 4성의 명칭으로 부르기도 한다.

아래는 분절음 [ma]에 대한 북경 중국어의 네 개 성조를 설명하고 있다.

调类	调值	例字	调型	调号
1성(阴平) :	55	妈(어머니)	高平	ˉ
2성(阳平) :	35	麻(삼)	高升	ˊ
3성(上声) :	214	马(말)	降升	ˇ
4성(去声) :	51	骂(꾸짖다)	高降	ˋ

위에 나오는 용어를 해설해보면 아래와 같다.

조류(调类): 성조의 종류로 현대 북경어에는 4개의 성조가 있다.
조치(调值): 성조값으로 실제 성조가 발음되는 고저승강의 가치로 그 높낮이를 1~5의 숫자로 표기할 수 있다.
조형(调型): 성조의 형태를 간단히 표현한 말이다.
조호(调号): 성조를 나타내는 부호이다.

7.2.3. 중고음 성조와 북경어 성조 비교

중국어 중고음에는 '평상거입(平上去入)' 사성(四声) 즉 네 가지 조류(调类)가 있었다. 이들 사성(四声)은 후에 다시 성모의 청탁(清浊, '清'은 无声音이고 '浊'은 有声音이다)에 따라 분화한다. 즉 성모의 성격에 따라 성조가 나뉘어졌다. 성모가 청음(清音)이면 음조(阴调)에 속하고 탁음(浊音)이면 양조(阳调)에 속한다. 그러므로 평상거입(平上去入) 사성(四声)은 아래 표와 같이 성모의 청탁(清浊)에 따라 팔성(八声)으로 분화되었다.

	清声母	浊声母
平声:	阴平	阳平
上声:	阴上	阳上
去声:	阴去	阳去
入声:	阴入	阳入

중고음과 현대북경음은 모두 네 가지 성조가 존재하지만 그 조치(调值)는 각각 달랐을 것으로 추정하고 있다. 특히 중고음에 존재했던 入声(-p, -t, -k)은 현대북경어에서 모두 탈락되고 4성으로 각각 분리되어

변화된다. 중고음의 4성과 북경어의 4성과의 관계를 도표로 나타나면 아래와 같다.

〈중고음 성조와 북경어 성조와의 대응관계〉

中古音			現代北京音	例字
平声	阴平	——→	阴平(1성)	空, 家, 商
	阳平	——→	阳平(2성)	人, 强, 平
上声	阴上	——→	上声(3성)	古, 警, 手
	阳上	① 次浊 →	上声(3성)	乃, 买, 有
		② 全浊 →	去声(4성)	悼, 近
去声	阴去	——→	去声(4성)	到, 变, 世
	阳去	——→	去声(4성)	盗, 事, 望
入声	阴入	불규칙하게 4성으로 나뉘어 변함		
	阳入	① 次浊 →	去声(4성)	纳, 木, 六
		② 全浊 →	阳平(2성)	毒, 石, 及

(次浊은 현대북경어에서 주로 共鳴音인 m-, n-, l-, r-과 零声母를 지니고 있다)

위에서 보듯이 북경어의 음평성자(阴平声字, 즉 1성 한자)는 대체로 중고음의 청성모(清声母, 즉 성모가 무성음)의 평성자(平声字)에 대응되고, 양평성자(阳平声字, 즉 2성 한자)는 중고음의 탁성모(浊声母, 즉 성모가 유성음)의 평성자에 대응되고, 상성자(上声字, 즉 3성 한자)는 중고음의 청성모와 차탁성모(次浊声母, 즉 성모가 공명음) 상성자(上声字)에 대응되고, 거성자(去声字, 즉 4성 한자)는 중고음의 거성자(去声字)와 전탁성모(全浊声母, 즉 성모가 유성장애음)의 상성자(上声字)에 대응된다. 중고음의 입성자는 북경어에서 탈락되어 북경어에서 중고음을 추측하기는 힘들다. 다만 중고음 입성자 가운데 차탁성모(次浊声母)는 4성, 전탁성모(全浊声母)는 2성으로 변하고, 청성모(清声母)는 불규칙하게 네 개의 성모로 분화된다.

위의 <중고음 성조와 북경어 성조와의 대응관계>를 역으로 북경어 성조를 기준으로 중고음 성조를 추측해보면 아래와 같은 대응관계를 만들 수 있다.

〈북경어 성조와 중고음 성조의 대응관계〉

북경어	중고음	예자
1성(阴平)	清平声	加, 朱, 新
2성(阳平)	浊平声	奇, 凡, 王
	全浊入声	白, 学, 直
3성(上声)	清上声	已, 酒, 锦
	次浊上声	米, 老, 有
4성(去声)	去声	弃, 梵, 样
	全浊上声	妇, 稻, 旱
	次浊入声	木, 日, 叶

위에서 보듯이 대체적으로 북경어의 1성과 2성은 중고음에서 평성(平声)에 속하고, 3성은 상성(上声), 4성은 거성(去声)에 속하였다. 다만 전탁상성(全浊上声)은 거성에 속한다. 북경어에는 중고음의 입성이 탈락하면서 각 1성에서 4성으로 변해 들어갔기 때문에 그 대응관계를 만들기가 어렵다. 다만 한국인의 입장에서 한국한자음을 십분 이용하면 중고음의 입성자는 아주 쉽게 찾아낼 수 있다. 한국한자음 가운데 종성(終声) 운미가 -ㅂ[-p], -ㄹ[-l], -ㄱ[-k]로 끝나는 음은 북경어의 성조에 관계없이 모두 예외 없이 중고음에서 입성에 속한다. 한국한자음은 중고음의 입성을 아주 잘 보존하고 있기 때문이다.

7.2.4. 평측(平仄)과 북경어 성조 대응관계

평측(平仄)은 고대시를 짓는데 필수적으로 지켜야했던 운율적 요소이다. 평측의 글자 본뜻을 먼저 살펴보면 '平'字는 '평평하다'는 뜻이고, '仄'字는 '기울다'는 뜻이다. 평측(平仄)은 고대에 시를 짓는데 있어서 자음과 모음이라는 분절음적(分节音的) 요소에서 벗어나 성조라는 초분절음적(超分节音的) 범주에서 글자 하나하나의 장단과 억양을 통해 보다 멋지게 시인의 감정을 표현하기 위해 지켰던 리드미컬한 운율적(韻律的) 기교라고 볼 수 있다.

평측(平仄)은 분절음(즉 자음과 모음)과 관계없는 성조의 성격을 규정하는 이분법적 잣대로 '平仄'의 '平'은 평조(平调)를 가리키고 '仄'은 평조(平调)가 아닌 것을 가리킨다. 보다 정확히 음운학적인 입장에서 말해 '平仄'의 '平'은 평성(平声)이고 '仄'은 '상성(上声)', '거성(去声)', '입성(入声)'을 모두 포함한다. 그러므로 평측의 구별은 아래와 같이 대단히 간단히 구별된다.

平调 : 平声(《广韻》의 上平声, 下平声 포함)
仄调 : 上声, 去声, 入声

이들 '평상거입(平上去入)'이 고대 어떻게 읽혔는지, 즉 실제 조치(调值)에 대해서는 당시 고대인들의 말소리를 직접 들어보지 못하는 한 그 정확한 독법(读法)은 결코 얻을 수 없다. 그러나 여러 문헌과 현대 중국 방언, 여타 중국어 외의 언어들을 대조 분석한 결과 평성(平声)은 굴곡이 없이 평평한 음조를 유지하고, 상성(上声)은 높게 올라가는 고승조(高升调)이고, 거성(去声)은 대략 중간쯤에서 내려오는 중강조(中降调)이며, 입성(入声)은 짧고 급박하게 끊어지는 단촉조(短促调)가 아닌가 여겨지고 있다. 결국 평조(平调)에 속하는 평성(平声)은 위로나 아래로 올라가지 않아 그야말로 평평한 음조(音调)를 유지하는 반면 여타 측조(仄调, 즉 非平调)에 속하는 '상거입(上去入)' 세 성조는 무엇인가 올라가거나 내려가고 혹은 급박하게 읽히는 특징을 지니고 있어 평평하게 읽히지 않는 모습을 보였다고 말할 수 있다.

주지하다시피 이들 '평상거입(平上去入)'은 현재의 성조가 아닌 고대 시인이 시를 지을 당시의 자신이 사용하는 발음을 기준으로 삼아 '평측(平仄)'을 따진 것이므로 지금에 이르러 현대인(특히 입성자가 사라진 북경어를 사용하는 사람)에겐 대단히 구별하기 어려운 항목이 되었다. 현재 평측을 알 수 있는 가장 확실한 방법은 운서(韻书)를 참고하는 것이다. 그러나 번거롭게 운서를 늘 찾을 수 없으므로 우리는 어떤 법칙을 알 필요가 있다. 이미 위 절 <중고음 성조와 북경어 성조와의 대응관계>에서 보았듯이 중고음의 '평상거입(平上去入)'과 현대 북경어의 네 개의 성조와는 일정한 대응관계가 있음을 알아보았다. 북경어를 사용하는 사람에게는 가장 어려운 부분은 아무래도 입성자를 구별할 수 없는 부분이다. 그러나 한국인으로서는 중국인보다 더 쉽게 입성자를 구별할 수 있다.

7.3. 한국한자음, 중국어 중고음, 북경어 자음운미(子音韻尾) 대응관계

성조의 수에 관한 한 중고음과 북경어는 똑같이 4개의 성조를 갖고 있다. 중고음에는 평성(平声), 상성(上声), 거성(去声), 입성(入声)이 존재하였고, 북경어에는 음평(阴平, 1성), 양평(阳平, 2성), 상성(上声, 3성), 거성(去声, 4성)이 있지만 입성(入声)은 탈락되었다. 입성은 음절 가운데 운미부분이 파열자음(破裂子音)으로 끝나 짧고 빠르게 발음되는 느낌을 가진다. 중고음의 입성자(入声字)는 [-p, -t, -k] 세 파열운미로 끝난다. 한자음을 좀 아는 한국인이라면 입성자는 아주 쉽게 구별할 수 있다. 한자음 가운데 종성(終声)이 비음(-ㅂ)으로 끝나면 중고음 [-p]에 대응되고, 리을(-ㄹ)로 끝나면 중고음 [-t]와 대응되며, 기역(-ㄱ)으로 끝나면 중고음의 [-k]와 대응된다. 아래에 예를 들어 본다.

〈입성운미에 대한 한국한자음, 중고음, 북경음 음운 대응관계〉

운미	예자	한국한자음	중고음	북경음
-p	合	합[hap]	ɣap	hé[xɤ]
	入	입[ip]	nʑiəp	rù[ru]
-t	出	출[ʧhul]	tɕhiuət	chū[tʂhu]
	设	설[ʃəl]	siat	shè[ʂɤ]
-k	各	각[kak]	kak	gè[kɤ]
	石	석[sək]	ʑiak	shí[ʂʅ]

중고음 입성자 운미를 한국한자음은 매우 잘 보존하고 있으며 그 대응 규칙도 정연하다. 즉 중고음 입성 [-p, -k]는 그대로 보존되고 중고음 [-t] 운미는 한국한자음의 [-l] 운미와 대응되고 있다. 이와 같은 음운 대응관계는 거의 예외가 없어 한국인이 중고음의 입성자를 인식하는 데 중국인보다 훨씬 좋은 입장을 갖고 있다. 중고음 입성 [-p, -t, -k]는 남방방언에는 잘 보존되고 있으나 북방방언에는 상당 부분 탈락되었으며 북경어는 전혀 존재하지 않는다.

비음운미(鼻音韻尾, 즉 -m, -n, -ŋ 등 비음으로 끝나는 운미로 전통적으로 비음운미는 阳声韻尾로 칭함)를 지닌 한자들의 대응관계를 살펴보면 아래와 같다.

〈양성운미에 대한 한국한자음, 중고음, 북경음 음운 대응관계〉

운미	예자	한국한자음	중고음	북경음
-n	山	산[san]	ʂɑn	shān[ʂan]
	真	진[ʧin]	tɕiən	zhēn[tʂən]
-m	金	김[kim]	kiəm	jīn[tɕin]
	南	남[nam]	nam	nán[nan]
-ŋ	红	홍[hoŋ]	ɣuŋ	hóng[xuŋ]
	空	공[koŋ]	khuŋ	kōng[khuŋ]

항시 북경어는 입성 운미가 존재하지 않으며 자음운미로는 단지 비음인 [-n, -ŋ]만이 존재하는 아주 간단한 음절구조를 갖고 있다.

7.4. 평측(平仄)에 대한 실례

이제까지 배운 평측에 대한 지식을 바탕으로 고대 시인들이 지은 시가(诗歌)에 대한 평측을 판단해보자. 아래는 두보(杜甫)가 지은 시 가운데 가장 유명한 것 중의 하나인 <춘망(春望)>의 예이다(○은 平调이고, ●은 仄调이다). 아래 중고음은 왕력(王力)이 재구(再构)한 것이다.

	国	破	山	河	在,	城	春	草	木	深。
현대음	guó	pò	shān	hé	zài,	chéng	chūn	cǎo	mù	shēn.
한국한자음	국	파	산	하	재,	성	춘	초	목	심
중고음	guək	phua	ʃæn	ɣa	dzɒi,	ʑĭɛŋ	tɕhĭuěn	tshau	muk	ɕĭěm.
중고음 성조	入	去	平	平	上	平	平	上	入	平
평측	●	●	○	○	●	○	○	●	●	○
번역	나라 망했으나 산하는 의구하고, 長安에 봄이 왔으나 초목만이 무성하구나.									

	感	时	花	溅	泪,	恨	别	鸟	惊	心。
현대음	gǎn	shí	huā	jiàn	lèi,	hèn	bié	niǎo	jīng	xīn.
한국한자음	감	시	화	천	루,	한	별	조	경	심.
중고음	kɒm	ʑĭə	hwa	tsĭɛn	lwi,	ɣən	bĭɛt	tieu	kĭɐŋ	sĭěm.
중고음 성조	上	平	平	去	去	去	入	上	平	平
평측	●	○	○	●	●	●	●	●	○	○
번역	시국을 생각하니 꽃을 보아도 눈물이 흐르고, 이별을 한탄하자니 새소리에도 놀라는 마음.									

	烽	火	连	三	月,	家	书	抵	万	金。
현대음	fēng	huǒ	lián	sān	yuè,	jiā	shū	dǐ	wàn	jīn.
한국한자음	봉	화	연	삼	월,	가	서	저	만	금.
중고음	phĭwoŋ	hua	sam	lĭɛn	ŋĭwɐt,	ka	ɕio	tiei	mĭwɒn	kĭěm.
중고음 성조	平	上	平	平	入	平	平	上	去	平
평측	○	●	○	○	●	○	○	●	●	○
번역	전쟁은 삼 개월이나 연이어 지속되고, 집에 오는 편지는 만금에 해당될 정도네.									

	白	头	搔	更	短,	浑	欲	不	胜	簪。
현대음	bái	tóu	sāo	gèng	duǎn,	hún	yù	bù	shèng	zān.
한국한자음	백	두	소	갱	단,	혼	욕	불	승	잠.
중고음	bɐk	dəu	sau	kɐŋ	tuan,	ɣuən	jĭwok	pĭuət	ɕĭəŋ	tʃĭěm.
중고음 성조	入	平	平	去	上	平	入	入	去	平
평측	●	○	○	●	●	○	●	●	●	○
번역	흰 머리 긁어 더욱 짧아져 전혀 비녀를 꽂을 수 없구나.									

운(韵): 平声 侵韵(-ĕm)

압운자(押韵字): 深 [ɕĭěm], 心[sĭěm], 金 [kĭěm], 簪[tʃĭěm]

위에서 보듯이 중고음에서 평조(平调, ○로 표시)는 평성(平声)에 해당되고, 측조(仄调, ●로 표시)는 평성 이외의 상성(上声), 거성(去声), 입성(入声) 등 세 개 성조를 모두 포괄하고 있다. 중고음은 수당(隋唐) 시대의 어음을 반영하는 것으로《절운(切韻)》계통의 운서(韻书)에 나타나는 반절(反切), 등운도(等韻图), 중국 방언 및 한국 · 일본 · 월남의 한

자음을 이용하여 음가를 재구(再构)된다. 두보(杜甫)는 당나라 시인이므로 위의 시는 마땅히 중고음으로 읽어야 제대로 된 시의 맛이 난다고 할 수 있겠다.

7.5. 성조의 독법(讀法) – 조치(調値)

'조치(调値)'는 성조의 고저승강이 어떻게 변화하고 있는 가를 가리키는 것으로 실제적인 성조의 독법(读法)이다. 현대중국어에서 각 방언의 조치는 보통 (1) 일정한 높이를 유지하기, (2) 올라가기, (3) 내려가기, (4) 내려가다가 올라가기, (5) 올라가다가 내려가기 등의 다섯 유형으로 나뉜다. 이러한 조치를 가시화하여 도표화한 것이 음의 높이를 5도로 구분하여 만들어낸 성조표시법이다.

보통화에서는 음평(阴平, 1성)은 일정한 높이(즉 5도)를 끝까지 유지하며, 양평(阳平, 2성)은 3도에서 5도로 올라가며, 상성(上声, 3성)은 2에서 1로 내려가다 4로 올라가며, 거성(去声, 4성)은 5에서 1로 내려간다.

음의 길이는 네 개의 성조가 모두 같은 것은 아니다. 상성(上声)이 가장 길고, 양평(阳平)이 그 다음이고, 음평(阴平)이 그 다음이고, 거성(去声)이 가장 짧다. 그러나 이러한 장단의 구분은 기계적인 분석에 불과하며 우리의 귀에는 뚜렷하지 않으며 변별적 기능도 갖고 있지 않으므로 무시해도 좋다.

8. 경성(轻声)

8.1. 경성의 출현과 음고(音高)

일반적으로 단독으로 출현하는 한자는 경성이 될 수 없으며 두 음절 이상으로 구성된 복음절어 가운데 첫 음절도 경성으로 읽지 않는다. 다만 복음절어 가운데 두 번째 이하 음절이 경성이 될 수 있다. 예를 들어 보면 아래와 같다

① 단독 출현 시

好! hǎo! 좋다!

妈! mā! 엄마!

② 복음절어

东西 dōngxī 동쪽과 서쪽 : 东西 dōngxi 물건

头脑 tóunǎo 두뇌 : 石头 shítou 돌

亮光 liàngguāng 불빛, 광선 : 漂亮 piàoliang 예쁘다

道理 daòlǐ 도리 : 知道 zhīdao 알다

단독으로 출현하여 문장을 이루는 단어는 경성이 없으며 복음절어 가운데 첫 번째에 위치하는 한자도 또한 경성이 되지 않는다. 위의 예들

가운데 '道理(도리)'와 '知道(알다)'에서 보듯이 '道'는 두 번째 음절에서만 경성으로 읽히지 첫 번째 음절에서는 경성이 결코 되지 않는다.

경성의 높이(音高)는 일정치 않고 앞에 위치한 성조에 따라 결정된다. 일반적으로 상성(上声, 즉 3성) 뒤에 올 때 가장 높은 4도를 나타내고, 양평성(阳平声, 즉 2성) 뒤에 올 때 다음으로 높아 3도를 나타내고, 음평성(阴平声, 즉 1성) 뒤에 올 때 2도를 나타내고, 거성(去声, 즉 4성) 뒤에 올 때 가장 낮은 1도를 나타낸다. 아래 예를 보자.

(1) 上声 뒤에 올 때 → 4도

예) 晚上 wǎnshang 저녁
紫的 zǐde 자주색의
奶奶 nǎinai 할머니

(2) 阳平声 뒤에 올 때 → 3도

예) 孩子 háizi 아이
舌头 shétou 혀
黄的 huángde 황색의

(3) 阴平声 뒤에 올 때 → 2도

예) 天上 tiānshang 하늘
窗户 chuānghu 창
青的 qīngde 청색의

(4) 去声 뒤에 올 때 → 1도

예) 豆子 dòuzi 콩
告诉 gàosu 알리다
绿的 lǜde 녹색의

위와 같이 경성자의 고저는 앞에 위치한 한자의 성조에 따라 결정된다.

만약 경성 뒤에 또 경성이 이어지면 어떻게 처리하나? 일반적으로 뒤에 따르는 경성은 앞의 경성보다 한 단계 정도 낮게 발음하면 된다. 예를 들어 3성 뒤의 경성이 가장 높은 4도인데 그 뒤의 경성은 3도 정도 발음하면 된다. 만약 거성 뒤에 경성이 두 개 있으면 둘 다 그냥 1도로 발음하면 된다. 구체적인 예를 들면 다음과 같다.

出来了 = 55 + 2 + 1
chūlaile 나왔다

拿来了 = 35 + 3 + 2
nálaile 가지고 왔다

走来了 = 214 + 4 + 3
zǒulaile 걸어왔다

送来了 = 51 + 1 + 1
sònglaile 보내왔다

이상 경성자가 두 개 나란히 있을 경우 두 번째 경성은 앞의 경성보다 한 단계 낮게 읽는데, 이는 발화할 경우 자연스럽게 그 음의 강도를 줄여 나가기 때문이다.

8.2. 경성 여부에 따른 어휘의 의미 차이

몇몇 어휘는 동일한 한자로 구성되지만 경성 여부에 따라 그 의미가 달라지는 경우가 있다. 아래는 이음절어에 국한하여 예를 들고 있는데, 두 번째의 음절이 경성이냐 아니냐에 따라 그 의미가 확연히 달라진다.

东西 dōngxī 방향-동쪽과 서쪽
东西 dōngxi 물건

大意 dàyì 대략적인 의미
大意 dàyi 조심하지 않다

买卖 mǎimài 매매
买卖 mǎimai 상업(동의어 生意 shēngyi)

兄弟 xiōngdì 형과 아우
兄弟 xiōngdi 남동생(동의어 弟弟 dìdi)

老子 Lǎozǐ 노자(철학자)
老子 lǎozi 부친

妻子 qīzǐ 처와 자녀
妻子 qīzi 처, 아내

精神 jīngshén 정신
精神 jīngshen 원기, 활력

來往 láiwǎng 오고 가기
來往 láiwang 교제, 거래

先生 xiānshēng 먼저 낳다(부사 先＋동사 生)

先生 xiānsheng 선생(존칭)

地道 dìdào 지하도

地道 dìdao 진정으로

告诉 gàosù 고발

告诉 gàosu 말하다

地方 dìfāng 지방(中央의 반대말)

地方 dìfang 곳, 장소, 부위

对头 duìtóu 정확하다, 맞다

对头 duìtou 원수, 적수

公道 gōngdào 바른 도리, 정도, 공공도로

公道 gōngdao 공평하다

自在 zìzài 자유롭다

自在 zìzai 편안하다

风光 fēngguāng 풍경, 경치

风光 fēngguang 훌륭하다, 영광스럽다

위의 예들은 어휘 내부에서 경성으로 읽느냐 아니냐에 따라 의미가 달라지는 경우이다.

8.3. 용법에 따른 경성

문장 가운데 어떤 용법으로 사용되느냐에 따라 경성의 여부가 결정되는 경우도 있다. '了'의 예를 들어 설명해보자.

(1) liǎo

① 동사: 완결하다

了结。결말을 내다.

liǎo jié.

了工。일을 끝내다.

liǎo gōng.

这事儿已经了啦。이 일은 이미 다 끝났다.

Zhè shìr yǐjīng liǎo la.

② 형용사: 명백하다

一目了然。한 눈에 환히 보이다.

yīmùliǎorán.

③ 동사 뒤에 놓여 '得' '不'과 연용하여 가능이나 불가능을 나타낸다.

走得了走不了? 갈 수 있느냐?

Zǒudeliǎo zǒubuliǎo?

我吃不了这么多。나는 이렇게 많이 먹을 수 없다.

Wǒ chībuliǎo zhème duō.

(2) le

① 동사 혹은 형용사 뒤에서 완료를 나타낸다.

我等了他两个小时。나는 그를 두 시간 동안 기다렸다.

Wǒ děng le tā liǎng ge xiǎoshí

② 문말에서 상황의 변화를 나타낸다.

我吃了饭了。나는 밥을 먹었지.

Wǒ chī le fàn le.

(앞의 '了' 는 완료를 뒤의 '了'는 상황의 변화를 나타낸다)

위의 '了'의 경우와 같이 문장 속에서 어떤 용법으로 사용되느냐에 따라 경성 여부가 결정된다. 형용사 혹은 동사와 같이 그 의미가 분명한 실사(实词)로 사용될 경우에는 경성이 되지 않으며, 조사(助词)와 같이 문장에서 문법적 역할만 담당하는 허사(虚词)로 사용될 경우 보통 경성으로 읽는다.

8.4. 경성 출현 장소

경성은 어디에서 나타나는가? 경성이 출현하는 상황에 대해 설명하면 아래와 같다(경성은 진한 글자로 표시하였다).

1) 문말 어기조사(文末语气词)는 경성으로 읽는다.

你们是韩国学生吗? 너희들은 한국 학생이냐?

Nǐmen shì Hánguó xuésheng ma?

我们一起走吧! 우리 같이 갑시다!

Wǒmen yīqǐ zǒu ba!

这是为什么呢? 이것은 왜 그래?

Zhè shì wèishénme ne?

真对不起啊! 정말 미안하다!

Zhēn duìbuqǐ a!

对呀! 맞아!

Duì ya!

你刚才做什么来着? 방금 너는 무엇을 하고 있었니?

Nǐ gāngcái zuò shénme laizhe?

('来着'는 문말어기조사로 '-하고 있었다' 혹은 '-이었다'의 의미를 지닌다)

2) 구조조사(构造助词)와 시태조사(时态助词)는 경성으로 읽는다.

① 구조조사

这是他的车。이것은 그의 차다.

Zhè shì tā de chē.

你慢慢地开车。너 천천히 차를 몰아라.

Nǐ mànmānde kāi chē.

他写得很快。그는 매우 빨리 쓴다.

Tā xiě de hěn kuài.

② 시태조사

他在椅子坐着看电视。그는 의자에 앉아 TV를 보고 있다.

Tā zài yǐzi zuò zhe kàn diànshì.

昨夜我只睡了四个钟头的觉。

Zuóyè wǒ zhǐ shuì le sì ge zhōngtou de jiào.

어젯밤 나는 겨우 잠을 네 시간 잤다.

我去过三次北京。나는 북경을 세 번 간 적이 있다.

Wǒ qù guo sān cì Běijīng.

3) 방위사(方位词)

这里有人吗? 여기 사람 있습니까?

Zhèli yǒu rén ma?

书上有蚊子。책에 모기가 있다.

Shūshang yǒu wénzi.

地下有很多水。땅바닥에 물이 매우 많다.

Dìxia yǒu hěn duō shuǐ.

(비고: 地下 dìxià 지하)

水果店在那边儿。과일 가게는 저쪽에 있다.

Shuǐguǒdiàn zài nàbianr.

4) 접미사(接尾词) '么(me)', '们(men)', '子(zi)', '头(tou)', '乎(hu)', '巴(ba)'는 경성으로 읽는다.

这么 zhème 이렇게　　那么 nàme 그렇게

什么 shénme 무슨　　怎么 zěnme 어떻게
多么 duōme 얼마나

我们 wǒmen 우리들　　你们 nǐmen 너희들
他们 tāmen 그들　　学生们 xuéshēngmen 학생들

桌子 zhuōzi 탁자　　椅子 yǐzi 의자
辫子 biànzi 딴 머리　　蚊子 wénzi 모기
胖子 pàngzi 뚱보　　瘦子 shòuzi 마른 사람

馒头 mántou 만두　　骨头 gǔtou 뼈
石头 shítou 돌　　看头 kàntou 볼만한 것
里头 lǐtou 안쪽　　后头 hòutou 뒤쪽

不在乎 búzàihu 개의치 않다

尾巴 wěiba 꼬리　　结巴 jiēba 말더듬/말더듬 하다
嘴巴 zuǐba 주둥이

5) 수량의 정도를 나타내는 일부 양사는 경성으로 읽는다.

这些 zhè xie 이것들　　那些 nà xie 저것들
哪些 nǎ xie 어느 것들

这个 zhè ge 이것　　那个 nà ge 그것
哪个 nǎ ge 어느 것　　两个 liǎng ge 두 개
十个 shí ge 열 개

6) 명사 혹은 동사가 중첩될 때 두 번째 음절은 경성으로 읽는다.

명사

爷爷 yéye 할아버지	奶奶 nǎinai 할머니
爸爸 bàba 아빠	妈妈 māma 엄마
哥哥 gēge 형/오빠	弟弟 dìdi 남동생
姐姐 jiějie 누나/언니	妹妹 mèimei 여동생
太太 tàitai 아내	嫂嫂 sǎosao 형수
伯伯 bóbo 큰 아버지	姑姑 gūgu 고모
公公 gōnggong 시아버지/노인장	舅舅 jiùjiu 외삼촌

동사: 동사가 중첩될 경우 잠시상으로 '한번 ~해보다'의 뜻을 지닌다.

试试 shìshi	한번 해보다
看看 kànkan	한번 보다
写写 xiěxie	한번 써보다
听听 tīngting	한번 들어보다
尝尝 chángchang	한번 맛보다
想想 xiǎngxiang	한번 생각해보다

그러나 단음절 형용사가 중첩될 경우 두 번째 음절은 경성으로 변하지 않고 본래의 성조를 유지하던지 혹은 1성으로 변한다. 예로 '长长儿 chángchāngr 길게', '好好儿 hǎohāor 좋게', '慢慢儿 mànmānr 느리게'와 같다.

7) 동사 혹은 형용사 뒤의 방향보어는 경성으로 읽는다.

① 단순방향보어(이동동사 + 来, 去)

回来 huílai 돌아오다

出去 chūqu 나가다

② 복합방향보어(이동동사+上,下,进,出,回,开,过,起+来,去)

爬上来 páshanglai 기어올라오다
走出来 zǒuchulai 걸어나오다
走进去 zǒujinqu 걸어나가다
活下去 huóxiaqu 살아가다('동사+下去'는 '계속~하다'의 뜻)
拿回来 náhuilai 가지고 돌아오다
热起来 rèqilai 뜨거워지다
走出门来 zǒuchu mén lai 문을 걸어 나오다

8) 결과보어 가운데 일부는 경성으로 읽는다.

看到 kàndao 보았다
看见 kànjian 보았다
记住 jìzhu 기억한다
急死 jísi 급해 죽겠다

9) 쌍음절 형용사가 중첩될 경우 두 번째 음절은 경성으로 보통 발음된다(형용사 중첩은 그 형용사의 강도가 강하고 생생함을 나타낸다).

整齐 zhěngqí 가지런하다 → 整整齐齐 zhěngzhengqíqí
乾净 gānjing 깨끗하다 → 乾乾净净 gānganjìngjìng
快乐 kuàilè 즐겁다 → 快快乐乐 kuàikuailèlè
痛快 tòngkuai 통쾌하다 → 痛痛快快 tòngtongkuàikuài
高兴 gāoxìng 기쁘다 → 高高兴兴 gāogaoxìngxìng
明白 míngbai 분명하다 → 明明白白 míngmingbáibái

쌍음절 형용사 중첩시 제3음절과 제4음절에 강세(stress)가 덧붙여지면 本调가 1성이 아니라도 모두 1성으로 읽어도 무방하다. 그러므로 예를 들어 整整齐齐 zhěngzhengqīqī로 읽어도 된다.

10) 동사 뒤에 가능과 불가능을 나타내는 '得' '不'과 동사 반복에 잠시상을 나타내는 중간에 '一'이 있으면 경성으로 읽는다.

做得到 zuòdedào 할 수 있다
做不到 zuòbudào 할 수 없다

看得到 kàndedào 볼 수 있다
看不到 kànbudào 볼 수 없다

看得起 kàndeqǐ 존중하다
看不起 kànbuqǐ 깔보다

来得及 láidejí 늦지 않다
来不及 láibují 시간이 맞지 않다/여유 없다

试一试 shì yi shì 한번 해보다
写一写 xiě yi xiě 한번 써보다
看一看 kàn yi kàn 한번 보다
走一走 zǒu yi zǒu 한번 가보다

11) 습관상 이음절 단어 가운데 두 번째 자를 경성으로 읽는데, 경성으로 읽든 본래의 성조로 읽든 의미상 커다란 차이가 없으며 그 규칙도 일정하게 정할 수 없는 한계가 있는 단어가 있다. 북경어 가운데 약 800 단어 정도가 있으며 상용(常用) 다음절어(多音节语) 가

운데 약 20%를 차지할 정도이다.

(1) 단순어(单純语): 두 개의 한자로 구성되어 쌍음절이지만 하나의 어소(语素)인 단순어 가운데 두 번째 한자가 경성으로 읽히는 예가 있다.

琵琶 pípa 비파	葡萄 pútao 포도
葫芦 húlu 표주박	玻璃 bōli 유리
螃蟹 pángxie 게	

(2) 합성어(合成语): 하나의 단어가 두 개의 어소로 구성되었지만 두 번째 한자가 경성으로 읽히는 예이다. 품사에 따라 분류하면 아래 예와 같다.

명사

朋友 péngyou 친구	豆腐 dòufu 두부
故事 gùshi 이야기	窗户 chuānghu 창
时候 shíhou 때	男人 nánren 남자
太阳 tàiyang 태양	道理 dàoli 도리
衣服 yīfu 옷	毛病 máobing 결함
耳朵 ěrduo 귀	皮肤 pífu 피부
事情 shìqing 일	脾气 píqi 성격
态度 tàidu 태도	名字 míngzi 이름
衣裳 yīshang 의상	点心 diǎnxin 간식
先生 xiānsheng 선생	东西 dōngxi 물건
棉花 miánhua 목화	力量 lìliang 힘, 능력, 세력
规矩 guīju 규칙	力气 lìqi 힘
云彩 yúncai 구름	头发 tóufa 머리카락

本事 běnshi 능력
罗卜 luóbo 무
大夫 dàifu 의사
和尚 héshang 승
意思 yìsi 재미
出息 chūxi 발전성
人才 réncai 인재
眼睛 yǎnjing 눈
工夫 gōngfu 시간, 노력
庄稼 zhuāngjia 농작물
月亮 yuèliang 달
芝麻 zhīma 참깨
笑话 xiàohua 우스갯소리
指甲 zhǐjia 손톱

동사

打听 dǎting 문의하다
商量 shāngliang 상의하다
明白 míngbai 이해하다
喜欢 xǐhuan 좋아하다
照顾 zhàogu 돌보다
收拾 shōushi 수습하다
认识 rènshi 알다
打发 dǎfa 파견하다
告诉 gàosu 말하다
忘记 wàngji 잊어버리다
知道 zhīdao 알다
报告 bàogao 보고하다
讲究 jiǎngjiu 소중히 하다

형용사

客气 kèqi 정중하다
凉快 liángkuai 시원하다
干净 gānjing 깨끗하다
糊涂 hútu 멍청하다
和气 héqi 온화하다
快活 kuàihuo 쾌활하다
新鲜 xīnxian 신선하다
荒唐 huāngtang 황당하다
清楚 qīngchu 분명하다
聪明 cōngming 총명하다
舒服 shūfu 편안하다
麻烦 máfan 번거롭다
便宜 piányi 싸다
暖和 nuǎnhuo 따뜻하다
周到 zhōudao 주도면밀하다

(3) 삼음절: 두 번째 음절이 경성인 경우

差不多 chàbuduō 거의
了不起 liǎobuqǐ 굉장하다

이상 각 항목의 경성자를 살펴보았는데, 이들은 대부분 구두상(口头上) 습관적으로 사용되는 친숙한 글자들이다. 하지만 신조어(新造语), 과학용어, 문언 어휘 등은 경성으로 읽지 않는다.

9. 변조(变调 Tone Sandhi)

'변조(变调)'란 중국적인 용어로 우리말로는 '성조 변화'를 말한다. 하나의 한자를 단독으로 읽을 경우 그 고유한 본래의 성조로 읽는다. 그러나 실제 말을 하는 가운데 왕왕 다른 한자와 연이어서 사용되기 때문에 원래 고정되었던 성조가 변화하게 되는데 이를 변조라고 한다.

비근한 예를 들어 우리가 중국어를 처음 배울 때 시작하는 "你好 Nǐ hǎo!"는 두 한자가 모두 3성이지만 앞의 '你 nǐ'는 2성처럼 후반성(后半声 성조 가운데 뒷부분)만 발음하라고 우리는 가르침을 받는다. 이처럼 '你'는 단독으로 읽으면 반드시 3성으로 읽어 [214]로 해야 하지만 뒤에 3성이 따르면 앞의 3성이 후반성(后半声) [35](보통 2성에 가깝게 발음됨)만 발음하게 된다.

이와 같이 주위의 언어환경에 따라 본조(本调)의 조치(调值 성조의 값어치)가 변화되는 것을 변조(变调)라고 하는 것이다. 어느 현대 중국 방언이든 이와 같은 변조가 존재하며 북경어도 예외는 아니다. 이는 언어의 발화 가운데 호흡의 조절상 발생하는 매우 자연스러운 현상이다.

9.1. 3성의 변화

본래 3성은 기타 성조보다 길이 면에서 가장 길다. 그러나 3성은 모든 성조 앞에서는 줄어드는 경향이 있다. 우리가 중국어를 배울 때 '3성+3성'에서 앞 3성은 후반성(后半声) [35]만으로 발음하고, '3성+기타 성조'에서는 앞의 3성은 전반성(前半声 성조 가운데 앞부분) [21]만 발음하도록 배우는 것을 상기해보면 3성은 늘 모든 성조 앞에서 줄어드는 운명을 지니고 있음을 알 수 있다. 그러나 3성은 단독으로 읽거나 어느 한 문장 가운데 3성에서 휴지(pause)를 취하면 그 3성은 [214]로 발음된다. 이 경우 또한 자세히 살펴보면 중국인은 간단히 [21]로 발음하는 경향이 있다. 한번 중국인이 "我买了一瓶毛苔酒 Wǒ mǎi le yī píng máotáijiǔ 나는 마오타이주를 한 병 샀다" 문장을 발음하는 것을 보면 휴지하는 '酒 jiǔ'는 [214]도 가능하고 [21]도 가능함을 알 수 있을 것이다.

9.1.1. 쌍음절(雙音節)

(1) 3성+3성

3성 [214]와 3성 [214]가 나란히 있으면 앞의 3성이 [35]로 변한다.

语法 yǔfǎ 문법 214+214 → 35+214(혹은 21)
好笔 hǎo bǐ 좋은 필기도구 214+214 → 35+214(혹은 21)
买酒 mǎi jiǔ 술을 사다 214+214 → 35+214(혹은 21)

[규칙 1]
214 → 35 / _____ 214

(2) 3성 + 기타 성조

3성이 기타 성조인 1성, 2성, 4성과 결합하면 앞의 3성은 [21] 즉 전반성(前半声)만 발음하면 된다.

① 3성 + 1성: 214 + 55 → 21 + 55

火车 huǒchē 기차

语音 yǔyīn 어음

好听 hǎotīng 듣기 좋다

北京 Běijīng 북경

首都 shǒudū 수도

② 3성 + 2성: 214 + 35 → 21 + 35

旅行 lǚxíng 여행

好人 hǎorén 좋은 사람

语言 yǔyán 언어

祖国 zǔguó 조국

水平 shuǐpíng 수준

③ 3성 + 4성

很快 hěn kuài 매우 빠르다

好看 hǎokàn 예쁘다

语义 yǔyì 어의

满意 mǎnyì 만족하다

朗诵 lǎngsòng 낭송

[규칙 2]

214 → 21 / _____ 기타 성조

(3) 3성 + 경성

3성 뒤에 경성이 따르면 문제가 단순하지 않다. 먼저 '小姐 xiǎojie 아가씨'와 '姐姐 jiějie 누나/언니'의 경우를 살펴보자. 두 단어 모두 두 번째 음절이 경성이지만 '小姐'의 첫음절 '小'는 후반성 [35]로 발음되고 '姐姐'의 첫음절은 전반성 [21]로 발음된다.

小姐 xiǎojie 아가씨 214 + 경성 → 35 + 경성
姐姐 jiějie 누나/언니 214 + 경성 → 21 + 경성

위의 결과에 대해 Cheng(鄭錦全 1973)은 내부 단어 경계의 존재 여부에 달려 있다고 보았다. 즉 '小姐'는 두 개의 형태소로 구성된 것으로 단어 내부에 경계가 존재하지만 '姐姐'는 중첩 명사로 새로운 명사를 형성해내는 방법이 아니기 때문에 하나의 어휘에 포함되어 중국인은 단어 경계가 아닌 내부 형태소 경계로 보고 있기 때문이다. 그러므로 '小姐'는 '3성 + 3성'의 변화를 먼저 겪어 '214 + 214' → '35 + 214'가 되다가 두 번째 음절이 경성화되어 결국 '35 + 경성'이 된다는 것이다. 그리고 '姐姐'는 '3성 + 기타 성조'의 변화를 따르고 있다. 아래는 小姐型과 姐姐型의 예자들을 설명하고 있다.

① 小姐型: 214 + 경성 → 35 + 경성

整理 zhěngli 정리하다
打手 dǎshou 보디가드
马脚 mǎjiao 속셈
可以 kěyi ~해도 된다
所以 suǒyi 그러므로
手里 shǒuli 손안에
打扫 dǎsao 청소하다

위의 예에서 보듯이 [35 + 경성]에 속하는 것은 두 번째 음절의 본래 성조가 3성임을 알 수 있다. 그러므로 이들 어휘는 두 번째 음절이 경성화되기 이전에 먼저 '3성 + 3성'의 변조 규칙을 겪어 '35 + 214'가 되었다가 두 번째 음절이 경성화되어 '35 + 경성'이 되었다고 설명할 수 있다. 이는 역사적으로 북경어의 경성화는 변조 이후에 발생하였음을 반증하고 있다.

② 姐姐型: 214 + 경성 → 21 + 경성

제3성 + 기타 성조

买卖	mǎimai	매매/상업
喜欢	xǐhuan	좋아하다
眼睛	yǎnjing	눈
起来	qǐlai	~하기 시작하다/~하기에
老婆	lǎopo	마누라/처
打算	dǎsuan	~인 셈이다/~하려 하다

제3성 + 접미사

你们	nǐmen	너희들
我们	wǒmen	우리들
尾巴	wěiba	꼬리
嘴上	zuǐshang	주둥이에
椅子	yǐzi	의자
饺子	jiǎozi	교자

제3성＋조사

你的 nǐde 너의/ 너의 것

我的 wǒde 나의/ 너의 것

走了 zǒule 갔다

위의 예에서 보듯이 [21＋경성]에 속하는 것은 두 번째 음절이 3성이 아니든지 비록 두 번째 음절이 3성이라도 그 본래 한자의 의미가 사라지고 접미사나 조사로 사용되어 문법적 기능만 담당하는 허사(虛词)이다.

9.1.2. 삼음절(三音節)

'3성＋3성＋3성' 모두 세 한자가 3성으로만 구성된 구조이다. 일반적으로 앞에 위치한 두 3성 한자를 [35]로 읽는다. 이것은 두 한자가 모두 3성인 한자에서 앞의 3성이 [35]로 변하는 [규칙 1]을 확대해 적용한 것이다.

展览馆 zhǎnlǎnguǎn 전시관 214 214 214 → 35 35 214

买手表 mǎishǒubiǎo 손목시계를 사다 214 214 214 → 35 35 214

그러나 속도를 좀 느리게 읽을 경우 '展览馆(전시관)'은 의미 구조상 '展览'과 '馆'으로 구성된 '쌍단격(双单格, 즉 의미 구조상 쌍음절어＋단음절어로 구성된 2＋1 형태)'이고 '买手表(손목시계를 사다)'는 '买'와 '手表'로 구성된 '단쌍격(单双格, 즉 의미 구조상 단음절어＋쌍음절어로 구성된 1＋2 형태)'이므로 변조(变调)를 약간 달리할 수 있다.

'쌍단격(双单格)'의 구조를 갖는 어휘로 '展览馆 zhǎnlǎnguǎn 전시관', '选举法 xuǎnjǔfǎ 선거법', '手表厂 shǒubiǎochǎng 손목시계 공장'과 같은 것은 두 번째 음절을 [35]로 읽지 않고 첫 번째 음절 [35]와 세 번째 음절 [214]의 자연스런 중간 과정인 [42] 정도로 읽어도 무방하다. 결국 '쌍단격(双单格)'의 구조는 [35 35 214] 이외에 [35 42 214]도 가능하다.

'단쌍격(单双格)' 구조를 갖는 어휘로 '买手表 mǎishǒubiǎo 손목시계를 사다', '老厂长 lǎochǎngzhǎng 나이든 공장장', '好领导 hǎolǐngdǎo 훌륭한 지도자', '你演讲 nǐ yǎn jiǎng 너는 강연한다' 등은 첫 번째 음절을 [35] 대신 [21]로 읽어도 좋아 결국 [35 35 214]와 [21 35 214] 모두 가능하다.

결국 쌍단격(双单格)과 단쌍격(单双格)의 구분은 삼음절어구(三音节语句)나 문장의 의미 구조가 <2+1> 혹은 <1+2> 구조로 이루어졌느냐에 따라 나누어지는 것이다.

① **쌍단격(雙單格)**: 삼음절(三音节)로 구성된 어휘 혹은 문장의 구조가 앞의 첫 번째와 두 번째 음절이 마지막에 위치한 세 번째 음절을 수식하는 합성어 혹은 그런 구조의 문장일 경우

补给 · 厂	bǔjǐchǎng	보급창
总统 · 府	zǒngtǒngfǔ	총통부
五斗 · 米	wǔdǒumǐ	쌀 다섯 말
狗尾 · 草	gǒuwěicǎo	강아지풀
洗脸 · 水	xǐliǎnshuǐ	세숫물

위의 쌍단격을 이루며 3성으로 구성된 삼음절은 모두 아래와 같은 규칙을 밟고 있다.

<기저음> <표면음>

느리게 보통 빠르게

/214 214 214/ → [35 42 214] → [35 35 214(혹은 21)]

기저음으로는 모두 3성이지만 발화속도에 따라 느리게는 [35 42 214]로 읽고 보통 빠르게는 [35 35 214(혹은 21)]로 읽는다.

② 단쌍격(单双格): 삼음절(三音节)로 구성된 어휘 혹은 문장의 구조가 앞의 첫 번째가 의미적으로 독립되고 두 번째와 세 번째 음절이 긴밀히 연결되는 구조를 지닌 합성어 혹은 문장일 경우

小 · 老板	xiǎolǎobǎn	어린 사장
我 · 买水	Wǒ mǎi shuǐ	나는 물을 산다
我 · 也有	Wǒ yě yǒu	나도 있다
老 · 古董	lǎogǔdǒng	옛 골동품

위의 단쌍격을 이루는 3성의 삼음절은 아래와 같은 규칙을 밟는다.

<기저음> <표면음>

느리게 보통 빠르게

/214 214 214/ → [21 35 214] → [35 35 214(혹은 21)]

기저음으로는 모두 3성이지만 발화속도에 따라 느리게는 [21 35 214]로 읽고 보통 빠르게는 [35 35 214(혹은 21)]로 읽는다.

이상 의미 구조상 삼음절은 쌍단격과 단쌍격으로 나누어지고 각각 느리게 읽을 경우 차이가 있지만 보통 빠르게와 매우 빠르게 읽을 경우

는 아래 규칙과 같은 패턴을 이루고 있다.

느리게 　　　　　　　　　보통 빠르게

双单格(2+1 구조): [35 42 214]

→ [35 35 214(或 21)] →

单双格(1+2 구조): [21 35 214]

매우 빠르게

[35 55 214(或 21)]

3성이 삼음절 이상 연이어 이어진 어휘나 문장을 빨리 읽을 경우 첫 번째 음절은 [35]로 읽고 마지막 음절은 [214] 혹은 [21]로 읽으며 나머지 중간의 음절은 몇 개가 되든 모두 1성과 같이 [55]로 읽으면 된다.

9.1.3. 4음절 이상

3성의 한자들이 4개 이상 연이어 있더라도 일단 마지막 음절을 본래의 성조인 [214]로 하고 나머지 앞의 3성을 [35]로 읽으면 된다. 이것 또한 두 한자가 모두 3성인 한자에서 앞의 3성이 [35]로 변하는 [규칙 1]을 확대해 적용한 것으로 마지막 3성만 본래 [214]로 발음하고 앞에 있는 모든 3성을 자동적으로 [35]로 적용하면 된다.

9.2. 2성의 변화

여기서 3성과 3성이 서로 결합된 형태가 아닌 비교적 특수한 성조 변화를 꺼내려 한다. 바로 2성이 1성이나 2성이 선행되고 경성 이외의 성조가 후행할 경우 1성으로 변하는 예이다. 아래 삼음절에서 두 번째에 위치한 2성은 모두 1성으로 변한다(아래 예는 趙元任 著·丁邦新 譯《中国话的文法》17쪽 참조).

西洋蔘 xīyángshēn 서양삼 121 → 111
三年级 sānniánjí 3학년 122 → 112
葱油饼 cōngyóubǐng 파지짐 123 → 113
东河堰 dōnghéyàn 동쪽 강둑 124 → 114
分水岭 fēnshuǐlǐng 분수령 133 → 123 → 113
谁能飞? shuínéngfēi? 누가 날 수 있나? 221 → 211
还没完 háiméiwán 아직 끝나지 않았다 222 → 212
油炸鬼 yóuzháguǐ 밀가루 튀김 223 → 213
隆福寺 lóngfúsì 융복사 224 → 214
寒暑表 hánshǔbiǎo 온도계 233 → 223 → 213
好几种 hǎojǐzhǒng 여러 종류 333 → 223 → 213

이상 위의 예에서 보듯이 삼음절어 가운데 마지막 음이 어떤 성조이든 첫 번째 음절이 1성과 2성(3성에서 변한 2성까지 포함) 두 번째 음절이 2성이면 두 번째 음절은 1성으로 변함을 알 수 있다. 그러므로 아래와 같은 규칙이 가능하다.

[규칙 3]
35 → 55 / {55, 35} _____ {55, 35, 214, 51}

다시 말해 2성은 1성이나 2성이 앞서고 경성을 제외한 어떤 성조가 뒤에 올 경우라도 모두 1성으로 변한다. 위의 예에서 중간에 3성이 있는 '分水岭', '寒暑表', '好几种'은 모두 먼저 '3성 [214]와 3성 [214]가 나란히 있으면 앞의 3성이 [35]로 변한다'는 [규칙 1]을 먼저 적용한 한 다음에 다시 [규칙 3]이 적용된 것이다.

9.3. 4성의 변화

4성+4성이 이어질 때 앞의 4성이 51 → 53으로 비교적 약하게 내린다. 앞에 있는 4성이 약간 높고 길이도 짧게 발음되며 뒤의 4성은 앞의 4성보다 약간 낮고 길게 발음된다.

[51+51] → [53+51]

再见 zàijiàn 안녕
现在 xiànzài 현재/지금
世界 shìjiè 세계
放假 fàngjià 휴가로 쉬다/방학하다
寄信 jìxìn 편지를 부치다
社会 shèhuì 사회
字调 zìdiào 성조
扩大 kuòdà 확대하다

9.4. 1성의 변화

1성+1성이 이어질 때 앞의 1성이 약간 높다.

新书 xīnshū 새 책
专家 zhuānjiā 전문가

4성과 1성의 변화는 아주 미세한 차이로 주의하여 귀를 기울이지 않으면 구분이 어렵고, 의미 변별상 커다란 작용을 하지 않으므로 중요한 변조 현상에 속하지 않는다.

9.5. '一 · 不 · 七 · 八'의 변화

9.5.1. 一

'一'은 단독으로 읽거나 어휘 혹은 문장이 끝나 쉼(停頓 tíngdùn, pause)이 있을 경우 1성이다. 그러나 1성, 2성, 3성 앞에서는 4성으로 읽으며 4성 앞에서는 2성으로 읽는다.

① 1성으로 읽을 때: 기수로서 하나씩 끊어 읽거나 문장의 끝부분에서와 같이 쉼이 있을 경우

一 yī, 二 èr, 三 sān, 四 sì, 五 wǔ
这是二十一。Zhè shì èrshíyī. 이것은 21이다.

② 4성으로 읽을 때: 1, 2, 3성 앞에서

一分钟 yì fēn zhōng　일분
一言为定 yìyánwéidìng　한 마디로 정하다
一口人 yì kǒu rén　(식구 따위) 한 명

③ 2성을 읽을 경우: 4성 앞에서

一去不回来 yíqùbùhuílái 한 번 가고는 돌아오지 않다
一个人 yí ge rén 한 사람(경성으로 읽는 양사 '个'는 本调가 4성이므로)

9.5.2. 不

'不'은 4성 앞에서는 2성으로 변하고 기타 조건에서는 모두 本调인 4성으로 발음된다.

① 2성으로 읽을 경우: 4성 앞에서

不用 búyòng　~할 필요 없다
不去 búqù　가지 않다

② 4성으로 읽을 경우: 단독으로 읽거나 1, 2, 3성 앞에서

不 bù　아니다
不高 bùgāo　크지(높지) 않다
不长 bùcháng　길지 않다
不短 bùduǎn　짧지 않다

9.5.3. 七

'七'은 4성 앞에서 2성으로 변하고 기타 조건에서는 모두 本调인 1성으로 읽는다.

① 2성으로 읽는 경우: 4성 앞에서

七月七日 qíyuè qírì　7월 7일
七岁 qísuì　7세
七位教授 qí wèi jiàoshòu　교수 7명

② 1성으로 읽는 경우: 단독으로 읽거나 1, 2, 3성 앞에서

七 qī, 八 bā, 九 jiǔ

七音 qīyīn 칠음

七言绝句 qīyánjuéjù 칠언절구

七尺 qīchǐ 7척

9.5.4. 八

'八'은 4성 앞에서 2성으로 변하고 기타 조건에서는 모두 本调인 1성으로 읽는다.

① 2성으로 읽는 경우: 4성 앞에서

八件事情 bá jiàn shìqing 일 여덟 건

八次 báci 여덟 번

② 1성으로 읽는 경우: 단독으로 읽거나 제1, 2, 3성 앞에서

八 bā, 九 jiǔ, 十 shí

八思巴字 bāsībāzì 파스파자(Hphagspa, 元代 文字로 파스파가 티베트 문자를 본떠 만든 것)

八折 bāzhé 8할, 20% 세일

八宝菜 bābǎocaì 팔보채

이상 '一 · 不 · 七 · 八' 변조의 공통된 특징은 4성 앞에서 2성으로 변한다는 사실에 모두 묶어서 설명한다. 이들 '一 · 不 · 七 · 八'의 변조는 모두 그 주위의 언어 환경에 의해 변화한 것으로 이들 네 한자의 기저성조는 단독으로 읽을 경우를 기준으로 本调로 삼아야 한다.

'一' 字의 예를 들어보면 실제 사용에 있어서 1성으로 읽을 경우보다 4성으로 읽을 경우가 더 많아 4성이 本调일 것으로 오인될 수 있으나 1, 2, 3성 앞에서 4성으로 변한다는 조건을 갖고 있어 예측이 가능하며 단독으로 읽으면 반드시 1성으로 읽으므로 본조는 1성으로 봐야 한다. 기타 '不 · 七 · 八'의 변조도 주위 언어 환경에 의해 예측이 가능하므로 이들 한자를 사전에서 찾을 경우 모두 本调에서 찾아야 한다.

9.6. 형용사 중첩의 변조

(1) 단음절: 단음절 형용사가 중첩될 경우 두 번째 음절은 1성으로 변해도 좋고 변하지 않아도 좋다. 그러나 '儿' 어미가 붙으면 반드시 1성으로 발음한다. 문법적으로 형용사가 중첩되면 부사화되어 '~하게'로 번역되며 북경어의 경우 '儿'가 붙어 <형용사 + 형용사 + 儿>의 형태가 된다.

① 1성

高高儿 gāogāor 높게

轻轻儿 qīngqīngr 가볍게

② 2성

长长儿 chángchāngr 길게

薄薄儿 báobāor 얇게

③ 3성

好好儿 hǎohāor 좋게

远远儿 yuǎnyuānr 멀게

④ 4성

漸漸儿 jiànjiānr　점점

慢慢儿 mànmānr　느리게

하지만 단음절 형용사 뒤에 다른 요소가 중첩될 경우 1성으로 발음해도 되고 本调로 발음해도 좋은 단어들이 있다.

金晃晃 금빛 찬란하다 jīnhuǎnghuǎng 혹은 jīnhuānghuāng

绿油油 푸르고 반들반들거리다 lǜyóuyóu 혹은 lǜyōuyōu

沉甸甸 아주 묵직하다 chéndiàndiàn 혹은 chéndiāndiān

软绵绵 폭신폭신하다 ruǎnmiánmián 혹은 ruǎnmiānmiān

(2) 쌍음절: 쌍음절 형용사가 중첩될 경우 그 형용사의 의미가 더욱 생동감을 지닌다. 그 중첩 방법은 'AABB'와 'A里AB' 두 종류가 있다. 예를 들어, '糊涂(hútú 어리석다)'는 '糊糊涂涂(AABB)'와 '糊里糊涂(A里AB)'의 두 경우가 가능하다. 'AABB' 형태이든 'A里AB' 형태이든 첫 번째 음절은 본조(本调)를 유지하고 두 번째 음절은 모두 경성으로 읽는다. 하지만 세 번째와 네 번째 음절은 단어에 따라 복잡한 양상을 띠고 있다. 여기서는 'AABB' 형태를 중심으로 살펴보고자 하며 아래와 같이 무려 5개 유형이 나타나고 있다.

① 세 번째와 네 번째 음절이 본조(本调)를 그대로 유지하는 형태만 가능하다. 1성으로 변하거나 '儿(er)'가 첨가될 수 없다. 이런 형태는 쌍음절 형용사 중첩 가운데 과반수를 차지한다.

	가능	불가능	불가능
安安稳稳	ānanwěnwěn	ānanwēnwēn	ānanwēnwēnr

(安稳 ānwěn 안전하다/평온하다)

安安全全	ānanquánquán	ānanquānquān	ānquānquānr

(安全 ānquán 안전하다)

高高兴兴	gāogaoxìngxìng	gāogaoxīngxīng	gāogaoxīngxīngr

(高兴 gāoxing 기쁘다)

实实在在	shíshizàizài	shíshizāizāi	shíshizāizāir

(实在 shízai 착실하다/저렴하다)

辛辛苦苦	xīnxinkǔkǔ	xīnxinkūkū	xīnxinkūkūr

(辛苦 xīnkǔ 고생스럽다)

② 세 번째와 네 번째 음절이 본조(本调)를 잃고 모두 1성으로 변한 형태만 가능하다. 본조를 유지하거나 '儿(er)'가 첨가될 수 없는 형태.

	불가능	가능	불가능
糊糊涂涂	húhutútú	húhutūtū	húhutūtūr

(糊涂 hútu 어리석다/멍청하다)

马马虎虎	mǎmahǔhǔ	mǎmahūhū	mǎmahūhūr

(马虎 mǎhu 소홀하다/건성건성하다)

规规矩矩	guīguijǔjǔ	guīguijūjū	guīguijūjūr

(规矩 guīju 규칙)

老老实实	lǎolaoshíshí	lǎolaoshīshī	lǎolaoshīshīr

(老实 lǎohi 솔직하다)

③ 세 번째와 네 번째 음절이 본조(本调)를 그대로 유지해도 되고 1성으로 변해도 되나 '儿(er)'는 첨가될 수 없는 형태.

	가능	가능	불가능
地地道道	dìdidàodào	dìdidāodāo	dìdidāodāor

(地道 dìdao 진짜의/알차다/순수하다)

客客气气	kèkeqìqì	kèkeqīqī	kèkeqīqīr

(客气 kèqi 예의가 바르다/겸손하다)

快快乐乐	kuàikuailèlè	kuàikuailēlē	kuàikuailēlēr

(快乐 kuàile 즐겁다)

整整齐齐	zhěngzhengqíqí	zhěngzhengqīqī	zhěngzhengqīqīr

(整齐 zhěngqí 정연하다)

④ 세 번째와 네 번째 음절이 1성으로 변하거나 '儿(er)'이 첨가될 수 있지만 본조를 유지할 수 없는 형태

	불가능	가능	가능
暖暖和和	nuǎnnuanhuóhuó	nuǎnnuanhuōhuō	nuǎnnuanhuōhuōr

(暖和 nuǎnhuo 따뜻하다)

舒舒服服	shūshufúfú	shūshufūfū	shūshufūfūr

(舒服 shūfu 편안하다)

⑤ 세 가지 형태가 모두 가능한 유형

	가능	가능	가능
干干净净	gānganjìngjìng	gānganjīngjīng	gānganjīngjīngr

(干净 gānjìng 깨끗하다)

漂漂亮亮	piàopiaoliàngliàng	piàopiaoliāngliāng	piàopiaoliāngliāngr

(漂亮 piàoliang 예쁘다/멋있다)

清清楚楚	qīngqingchǔchǔ	qīngqingchūchū	qīngqingchūchūr

(清楚 qīnggchu 분명하다/깨끗하다)

痛痛快快　tòngtongkuàikuài　tòngtongkuāikuāi　tòngtongkuāikuāir
(痛快 tòngkuai 통쾌하다/시원스럽다)

위에서 보듯이 쌍음절 형용사가 중첩될 경우 더욱 생동감을 나타내는 의미로 사용되며, 'AABB' 형태가 5개나 출현하는 등 복잡한 양상을 보이고 있다.

10. 아미(兒尾)와 아화운(兒化韻)

보통화(普通话)에 '花儿 huār 꽃', '门儿 ménr 문'과 같이 일부 단어에 '儿 er'를 첨가하는 경향이 있다. 본래 '儿(간자체 儿) er'는 독립된 의미와 음절이지만 앞 어휘와 연용되어 두 음절이 통합되어 하나의 음절로 변하게 되었다. 비록 하나로 독립된 음절인 'er[ɚ]'의 음가 자체는 변화하지만 앞 음절의 운모에 대해 일정한 권설음화 작용을 하게 된다. 이와 같이 변화된 운모를 '아화운(兒化韻 érhuàyùn)'이라고 한다.

10.1. 아미(兒尾)의 기능

대부분의 어휘는 '兒' 어미가 첨가되느냐 안 되느냐에 상관없이 의미상으로나 문법적으로 아무런 차이가 없다. 그러나 일부 어휘에 아미(兒尾)의 첨가 여부에 따라 수사적으로나 문법적으로 약간의 차이를 보이는 경우가 있다. 이를 분류해 보면 아래와 같다.

10.1.1. 호감이나 온유한 태도를 나타낸다.

① 호감을 나타낸다.

女孩儿 nǚháir 여자아이

② 온유한 태도를 나타낸다.

您慢慢儿走! Nín mànmānr zǒu! 천천히 가세요!

10.1.2. 섬세하고 작고 가벼운 성질을 나타낸다.

小鸟儿 xiǎoniǎor 작은 새(명사 앞에 '小'字가 붙으면 대부분 '儿'를 덧붙인다)

门缝儿 ménfèngr 문틈('门缝'도 '문틈'이지만 상대적으로 '门缝儿'보다 크다고 느낀다)

竹棍儿 zhúgùnr 막대기('竹棍'도 '막대기'이지만 상대적으로 '竹棍儿'보다 크다고 느낀다)

10.1.3. 품사를 구별시킨다

① 동사 : 명사

盖 gài 덮다 ─ 동사

盖儿 gàir 덮개 ─ 명사

刺 cì 찌르다 ─ 동사

刺儿 cìr 가시, 바늘 ─ 명사

扣 kòu 채우다 ─ 동사

扣儿 kòur 단추 ─ 명사

② 형용사 : 명사

尖 jiān 날카롭다 ─ 형용사

尖儿 jiānr 으뜸, 제일 — 명사
亮 liàng 밝다 — 형용사
亮儿 liàngr 빛, 불빛 — 명사

弯 wān 굽다 — 형용사
弯儿 wānr 모퉁이 — 명사

일반적으로 동사나 형용사에 '아(儿)'가 붙으면 명사로 변하나 예외적으로 '玩 wán 놀다'와 '玩儿 wánr 놀다'는 모두 동사이다.

10.1.4. 어의(語義)를 구별시킨다

一点儿 조금 : 一点 한 시
一块儿 함께 : 一块 한 무더기(예 一块錢 — 일 원)
白面儿 báimiànr 헤로인 : 白面 báimiàn 밀가루

10.2. 아화운(兒化韻)의 음운 변화

'兒 er'는 단지 앞에 위치한 음절 운모에 대해 권설(捲舌) 작용을 할 뿐 자체로는 독립적으로 발음이 되지 않는다.

1) 기저음이 /-A, -u, -ɤ/로 끝나면 그대로 보존된다.

-A: 花儿 huār 꽃 /xuA/ + /ɤr/ → [xuar]
-u: 小猫儿 xiǎomāor 새끼 고양이 /mAu/ + /ɤr/ →[maur]
小狗儿 xiǎogǒur 강아지 /kɤu/ + /ɤr/ → [kour]
/-ɤ/: 기저음 /ɤ/의 표층음 [-o], [-ɤ], [-e]일 경우

-o: 山坡儿 shānpōr 산비탈 /phɤ/ + /ɤr/ → [phor]

-ɤ: 唱歌儿 chàng gēr 노래를 부르다 /kɤ/ + /ɤr/ → [kɤr]

-e: 台阶儿 táijiēr 계단 /tɕiɤ/ + /ɤr/ → [tɕier]

2) /i, y/가 주요모음으로만 존재할 경우 뒤에 [ər]가 첨가되며 /i, y/는 존속한다.

-i: 小鸡儿 xiǎojīr 병아리 /tɕi/ + /ɤr/ → [tɕiər]

-y: 金鱼儿 jīnyúr 금붕어 /y/ + /ɤr/ → [yər]

3) 운미 /-i, -n/은 생략된다.

Ai → Ar: 小孩儿 xiǎoháir 아이 /xAi/ + /ɤr/→[xAr]

ɤi → ər: 宝贝儿 bǎobèir 귀염둥이 /pɤi/ + /ɤr/ → [pər]

鬼儿 guǐr 귀신 /kui/ + /ɤr/ → [kuər]

An→ Ar: 木板儿 mùbǎnr 목판 /pAn/ + /ɤr/ → [pAr]

ɤn→ ər: 花盆儿 huāpénr 화분 /phɤn/ + /ɤr/ → [phər]

4) 고모음 /i, u, y/와 결합된 운미 /-n/은 탈락되면서 [ər]이 첨가된다.

in → iər : 印儿 자국, 흔적 yìnr /in/ + /ɤr/ → [iər]

un → uər: 滚儿 롤러 gǔnr /kun/ + /ɤr/ → [kuər]

yn → yər: 裙儿(치마) qúnr /tɕhyn/ + /ɤr/ → [tɕhyər]

5) 운미가 /-ŋ/으로 끝나면 /-ŋ/은 탈락되고 주요모음이 비음화된다.

Aŋ→ ãr: 小羊儿 xiǎoyángr 새끼양 /iAŋ/ + /ɤr/ → [iãr]

ɤŋ → ər: 凳儿 dèngr 등받이 없는 의자 /tɤŋ/ + /ɤr/ →

[tər] ([ə]가 비음화됨)

6) 운미가 [-ŋ] 앞의 주요모음이 고모음 /i, u/일 경우 [-ŋ]이 탈락되면서 비음화된 [ər]이 덧붙여진다.

iŋ → 明儿 míngr 내일 /miŋ/＋/ɤr/ → [miər](ər이 비음화됨)
uŋ → 空儿 kòngr 짬 /khuŋ/＋/ɤr/ → [khuər](ər이 비음화됨)

7) 설첨모음 [ɿ]와 권설모음 [ʅ]는 탈락되고 [ər]이 첨가된다.

写字儿 xiě zìr 글자를 쓰다 /tsi/＋/ɤr/ → [tsər]
办事儿 bàn shìr 일을 처리하다 /ʂi/＋/ɤr/→[ʂər]

이상 살펴본 바와 같이 주요 특징을 요약하면 아래와 같다.

(1) 비음운미 [-n, -ŋ]은 모두 탈락하지만, [-ŋ]은 앞의 주요모음을 비음화시키고 [-n]은 비음화시키지 못하는 점에 주의해야 한다.
(2) 모음운미 [u, -i] 가운데 [-u] 운미는 보존되지만 [-i] 운미는 탈락된다.
(3) 기저음이 /-A, -u, -ɤ/로 끝나면 그대로 보존된다.

11. 연독음변(连讀音变)

연독음변(连讀音变 liándúyīnbiàn)은 중국어적인 용어로 직역하면 '연이어 읽어 음이 변하는 것'으로 단어나 문장을 이루는 요소들을 연이어서 읽을 때 본래 한자의 读音이 변화하는 현상을 가리킨다. 우리말의 '신라 /sinla/'를 '실라 [silla]'로 읽고, '국민 /kukmin/'을 '궁민 [kuŋmin]'으로 읽는 현상과 같다.

연독음변은 어음의 변화이므로 넓은 의미에서 본래 한자의 분절음(자음과 모음)과 초분절음(성조)의 모든 변화를 대상으로 삼는다. 광의(广义)의 연독음변은 성모, 운모, 성조의 변화를 모두 다루므로 변조(变调 성조의 변화), 경성, 경성에서의 어음 약화 현상 등등이 대상이 될 수 있다. 하지만 좁은 의미에서의 연독음변은 변조, 경성, 경성에서의 어음 약화 현상 등과 같은 성조와 관련된 어음의 변화는 고려치 않는다.

협의(俠义)의 연독음변은 순수한 자음과 모음의 변화만을 대상으로 삼는다. 본장은 바로 협의의 연독음변 현상만을 대상으로 설명할 것이다. 성조의 변화와 경성에서의 어음 약화 현상에 대해서는 각각 달리 장을 마련하여 설명하고 있다.

11.1. 자음의 변화

뒤에 따르는 자음의 영향으로 그 자음 성격에 상응하는 어음 변화가 일어나는 역행동화 현상이 주로 발견된다.

11.1.1. n → m / ____ 순음(唇音)

순음 /p, m/ 앞의 /n/이 [m]으로 변화하는 현상을 말한다.

面包 miànbaō **빵** /miAn pAu/ → [mjæm paʊ]
南门 nánmén **남문** /mAn mɤn/ → [mam mən]
关门 guān mén **문을 닫다** /kuAn mɤn/ → [kwam mən]
南部 nánbù **남부** /nAn pu/ → [nam pu]
电报 diànbào **전보** /tiAn pAu/ → [tjæm paʊ]
根本 gēnběn /kɤn pɤn/ → [kəm pən]
分配 fēnpèi **분배하다** /fɤn phɤi/ → [fəm pheɪ]
人民 rénmín **인민** /rɤn min/ → [rəm mɪn]

11.1.2. n → ŋ / ____ 설근음(舌根音)

설근음 /k, kh, x/ 앞의 비음 /n/이 설근음 [ŋ]으로 변하는 현상을 말한다.

很好 hěn hǎo **매우 좋다** /xɤn xAu/ → [xəŋ xaʊ]
三个 sān ge **세 개** /sAn kɤ/ → [saŋ gə]
分开 fēn kāi **나누다** /fɤn khAi/ → [fəŋ khaɪ]
含糊 hánhu **모호하다** /xAn xu/ → [xaŋ xu]

11.1.3. n → ɳ / _____ 설면음(舌面音)

설면음 /tɕ, tɕh, ɕ/ 앞의 /n/이 설면음 [ɳ]으로 변하는 현상을 말한다.

选举 xuǎnjǔ 선거 /ɕyAn tɕy/ → [ɕɥæɳ tɕy]
感情 gǎnqíng 감정 /kAn tɕhiŋ/ → [kaɳ tɕhɪŋ]
现象 xiànxiàng 현상 /ɕiAn ɕiAŋ/ → [ɕjaɳ ɕjaŋ]

11.2. 모음의 변화

木樨肉 요리의 일종 mùxīròu /muɕirɣu/ → [muɕyroʊ]

비원순음 /i/가 원순모음 [u]와 [o] 사이에서 원순모음 [y]로 변화했다고 볼 수 있다.

这, 那, 哪의 指示代名词가 '一'字와 긴밀하게 이어서 읽으면 아래와 같이 된다.

这＋一 : zhè＋yì /tʂɤ i/ [tʂɤ yi] → [tʂeɪ]
那＋一 : nà＋yì /nA i/ [nA yi] → [naɪ] 혹은 [neɪ]
哪＋一 : nǎ＋yì /nA i/ [nA yi] → [naɪ] 혹은 [neɪ]

11.3. 음위전환(音位轉換 metathesis)

한국어에서 '놓다'가 /noh ta/→[notha]로 발음되어 /h/와 /t/의 위치가 바뀌듯 음가의 위치가 상호 바뀌는 현상을 음위전환이라 한다. 북경인 가운데 노인층에서 '言语 yányǔ 언어' /ian y/ → [yæn i] → [ɥæn ji]와 같이 /y/와 /i/의 발음이 서로 바뀌는 현상이 발견된다.

11.4. 첨가(添加 addition)

개구호(开口呼: 고모음 i, u, y 이외 비교적 입을 좀더 벌려 발음하는 중모음과 저모음을 가리킨다)의 영성모 음절이 앞에 위치한 운미 /-ŋ/의 영향으로 [ŋ-] 음이 첨가되는 현상을 말한다.

平安 píngān 평안 /phiŋ An/ → [phɪŋ ŋan]
定額 dìng'é 정액 /tiŋ ɤ/ → [tɪŋ ŋɤ]
婴儿 yīngér 영아 /iŋ ər/ → [jiŋ ŋər]

11.5. '아(啊)'의 연음(連音)

'아(啊)'는 문장 끝에 쓰여 감탄 · 찬탄을 나타내거나, 평서문 · 의문문 · 명령문의 끝에 쓰여 감정을 더해주는 역할을 한다. 문장 중간에 쓰일 수도 있는데 열거 · 반복을 나타내는 의미로 쓰인다. 이때 '아(啊)'는 앞에 위치한 음절의 운모 혹은 운미의 영향으로 [a] 본래 음에 변화가 생긴다.

(1) a → ia

기저음이 /-A, -i, -y, -ɤ/로 끝나는 운미 뒤에서 [ia]로 발음되며 한자는 '呀(ya)'를 사용한다.

-A 他呀! Tā ya! 그 남자야!
回家呀! Huíjiā ya! 집으로 가자!

-i 你呀! Nǐ ya! 너야!

飞机呀! Fēijī ya! 비행기다!

-y 去呀! Qù ya! 가자구!

下雨呀! Xiàyǔ ya! 비가 내린다!

-ɤ[-ɤ] 开车呀。 Kāi chē ya. 운전해라.

喝呀。 Hē ya. 마셔라.

-ɤ[-e] 上街呀。 Shàng jiē ya. 거리로 나가자.

写呀。 Xiě ya. 써라.

-ɤ[o] 说呀。 Shuō ya. 말해봐.

好多呀! Hǎo duō ya! 꽤 많구나!

(2) a → ua

운미가 원순모음 [-u]로 끝나는 뒤에서 [ua]로 발음되며 한자를 '哇(wa)'로 나타낸다.

-u 读书哇。 Dú shū wa. 공부해라.

哭哇。 Kū wa. 운다.

小狗哇! Xiǎo gǒu wa! 강아지구나!

小猫哇! X iǎo māo wa! 새끼 고양이구나!

(3) a → na

운미가 [-n]으로 끝나는 뒤에서 [na]로 발음되며 한자는 '哪(na)'로 사용한다.

-an 上班哪。 Shàngbān na. 출근해라.

看哪。 Kàn na. 보아라.

不安分哪! Bù ānfèn na! 본분을 지키지 않는구나!

-ɤn 开门哪。 Kāi mén na. 문 열어라.

欺人太甚哪! Qī rén tài shèn na!

사람을 너무 심하게 멸시하는구나!

-in 真没有良心哪! Zhēn méiyǒu liángxīn na!

정말 양심이 없구나!

(4) a → ŋa

운미가 [-ŋ]으로 끝나는 뒤에서 [ŋa]로 발음되며 한자는 그대로 '啊'를 사용한다.

-aŋ 烫啊! Tàng a! 뜨겁다!

慢慢讲啊。 Mànmān jiǎng a. 천천히 말해라.

-iŋ 听啊。 Tīng a. 들어라.

不行啊! Bù xíng a! 안 돼!

-ɤŋ 好冷啊! Hǎo lěng a! 아주 차갑구나!

-uŋ 行不通啊! Xíng bu tōng a! 통할 수 없구나!

(5) 〈권설음+ʅ〉 혹은 'er'로 끝나는 뒤에서는 捲舌音 [ra]로 발음되며 한자는 그대로 '啊'를 사용한다.

tʂʅ 他是个好同志啊! Tā shì ge hǎo tóngzhì a!
그는 좋은 친구지!

写字要学王羲之啊! Xiě zì yào xué Wáng Xīzhī a!
글씨 쓰기는 왕희지를 배워야지!

tʂhʅ 好吃啊! hǎo chī a! 맛있구나!

时间还不算迟啊。 Shíjiān hái bù suàn chí a.
시간이 아직 늦지 않은 셈이다.

ʂʅ 你怎么不考试啊? Nǐ zěnme bù kǎoshì a?
너는 왜 시험 보지 않니?

是不是啊? Shì bú shì a? 맞아 틀려?

rʅ 你的生日啊? Nǐ de shēngrì a? 네 생일이니?

一年里头有几个纪念日啊?
Yī niánlitou yǒu jǐ ge jìniànrì a?
일년에 기념일이 몇 번 있니?

ɚ(er) 你怎么老是考第二啊? Nǐ zěnme lǎoshi kǎo dì èr a?
너는 왜 늘 2등만 하니?

(6) 〈설첨음+ɿ〉 뒤의 '啊'는 有聲磨察音 [za]로 발음된다.

tsɿ 他是个好汉子啊! Tā shì ge hǎohànzi a! 그는 대장부이다!

这是谁写的字啊? Zhè shì shéi xiě de zì a?
이것은 누가 쓴 글자이냐?

tshɿ 你去过几次啊? Nǐ qù guo jǐ cì a? 너는 몇 번 가봤니?

原来如此啊! Yuánláirúcǐ a! 원래 이렇구나!

s1 别这么自私啊! Bié zhème zìsī a! 이렇게 이기적이지 마라!

哪个佛寺啊? Nǎ ge fósì a! 어느 절이니?

이상 어기조사 '啊'는 앞에 위치한 음의 성격에 따라 그에 맞게 변하므로 모두 순행동화 현상이라고 볼 수 있다. 위의 여섯 가지 현상 가운데 (5)와 (6)의 권설음과 설첨음 뒤에 나오는 [ra]와 [za]는 무시되어 발음되지 않는 경향이 강하다.

12. 경성(轻声)에서의 어음 약화 현상

경성은 음의 강도가 줄어들고 길이면에서도 짧아지는 현상이 일어난다. 그러므로 경성에 해당되는 음절의 분절음(分节音 segment)이 약화되어 성모의 자음은 유성음화되고 모음은 줄어들거나 더 나아가 탈락되는 현상이 일어난다.

12.1. 성모(聲母)의 약화

경성에서 성모의 무성 자음이 유성음화된다. 이와 같이 무성음이 유성음화되는 현상을 중국적인 용어로 청음(清音 qīngyīn)이 탁음화(浊音化 zhuóyīnhuà) 현상이라고 말한다.

(1) p → b

篱笆 líba **담장** /li pA/ → [li bə]
爸爸 bàba **아빠** /pA pA/ → [pA bə]
结巴 jiēba **말더듬이** /tɕiɤ pA/ → [tɕje bə]
胳膊 gēbo **팔** /kɤ pɤ/ → [kɤ bɔ]

(2) t → d

弟弟 dìdi 남동생 /ti ti/ → [ti dɪ]

地道 dìdao 진정으로 /ti tAu/ → [ti dɑʊ]

耳朵 ěrduo 귀 /ɚ tuɤ/ → [ɚ dwɔ]

勾搭 gōuda 내통하다 /kɤu tA/ → [koʊ də]

(3) k → g

黄瓜 huánggua 오이 /xuAŋ kuA/ → [xwɑŋ gwɔ]

哥哥 gēge 형 /kɤ kɤ/ → [kɤ gə]

屁股 pìgu 엉덩이 /phi ku/ → [phi gʊ]

(4) ts → dz

盘子 pánzi 대야 /phAn tsi/ → [phan dzə]

下作 xiàzuo 비천하다 /ɕiA tsuɤ/ → [ɕja dzwɔ]

自在 zìzai 편안하다 /tsi tsAi/ → [tsɿ dzə]

祖宗 zǔzong 선조 /tsu tsuŋ/ → [tsu dzʊŋ]

(5) tɕ → dʑ

看见 kànjian 보다 /khAn tɕiAn/ → [khan dʑjən]

忘记 wàngji 잊어버리다 /uAŋ tɕi/ → [wɑŋ dʑə]

行家 hángjia 전문가 /xAŋ tɕiA/ → [xɑŋ dʑjə]

考究 kǎojiu 연구하다 /khAu tɕiɤu/ → [khɑʊ dʑjoʊ]

(6) tʂ → dʐ

风筝 fēngzheng 연 /fɤŋ tʂɤŋ/ → [fəŋ dʐəŋ]

紧着 jǐnzhe 서두르다 /tɕin tʂɤ/ → [tɕɪn dʐə]

胭脂 yānzhi 연지 /iAn tʂi/ → [jæn dʐə]

巴掌 bāzhang 손바닥 /pA tʂAŋ/ → [pA dʐəŋ]

위에서 보듯이 성모 가운데 무기장애음(无气障碍音) [p, t, ts, tɕ, tʂ, k]는 경성 위치에서 유성음화되어 [b, d, dz, dʑ, dʐ, g]으로 변한다. 하지만 유기장애음(有气障碍音) [ph, th, tsh, tɕh, tʂh, kh]와 무성마찰음(无声摩擦音) [f, s, ɕ, ʂ, x]는 유성음화(有声音化) 작용이 일어나지 않고 무성음(无声音)이 그대로 유지된다. 아래 예를 보자.

- **유기장애음** [ph, th, tsh, tɕh, tʂh, kh]

活泼 huōpo 활발하다 /xuɤ phɤ/ → [xwo pho]

荒唐 huāngtang 황당하다 /xuAŋ thAŋ/ → [xwaŋ thaŋ]

云彩 yúncai 구름 /yn tshAi/ → [ɥyn tshaɪ]

事情 shìqing 일 /ʂi tɕhiŋ/ → [ʂɿ tɕhɪŋ]

清楚 qīngchu 분명하다 /tɕhiŋ tʂhu/ → [tɕhɪŋ tʂhʊ]

凉快 liángkuai 시원하다 /liAŋ khuAi/ → [ljaŋ khwaɪ]

- **무성마찰음** [f, s, ɕ, ʂ, x]

豆腐 dòufu 두부 /tɤu fu/ → [toʊ fʊ]

意思 yìsi 재미 /i si/ → [ji sɿ]

出息 chūxi 장래성 /tʂhu ɕi/ → [tʂhu ɕɪ]

本事 běnshi 수완 /pɤn ʂi/ → [pən ʂɿ]

时候 shíhou 때 /ʂi xɤu/ → [ʂɿ xoʊ]

위의 예와 같이 기식(气息) [h]가 있는 음과 마찰음에서는 경성에서도 기식이 유지되는 경향을 보인다. 이는 발화할 경우 공기를 내뿜는 유기성(有气性) 여부가 경성에서의 유성음화와 밀접한 관계가 있음을 나타내는 것으로 기류가 세면 자음의 유성음화가 잘 되지 않음을 보여주고 있다.

12.2. 운모(韻母)의 약화

12.2.1. 모음의 약화

고모음이든 저모음이든 빠른 속도로 발음할 경우 모두 중앙모음으로 변화한다.

(1) /A/ → [ə]

- /ŋ/ 뒤에서 /A/ → [ə]

比方 bǐfang 비유

商量 shāngliang 상의하다

风光 fēngguang 훌륭하다

早上 zǎoshang 아침

두 번째 음절의 발음이 경성이 되면서 원래 긴장모음 /A/였던 것이 약화되면서 이완되고 중앙모음화되는 [ə]로 바뀐다.

- /i/나 /-n/ 앞에서 /A/ → [ɛ] → [ə]

后来 hòulai 후에

痛快 tòngkuai 통쾌하다

麻烦 máfan 번거롭다

方便 fāngbian 편리하다

习惯 xíguan 습관되다

打扮 dǎban 치장하다

喜欢 xǐhuan 좋아하다

- 기타

棉花 miánhua 목화

西瓜 xīgua 수박

头发 tóufa 머리카락

黄瓜 huánggua 오이

光滑 guānghua 매끄럽다

妈妈 māma 엄마

(2) /i/ → [ə]

筷子 kuàizi 젓가락

盒子 hézi 통, 갑

箱子 xiangzi 상사

蚊子 wénzi 모기

椅子 yǐzi 의자

桌子 zhuōzi 탁자

(3) /ɤ/ → [ə]

罗卜 luóbo 무

琢磨 zuómo 생각하다

哥哥 gēge 형

说合 shuōhe 소개하다

晓得 xiǎode 알다

(4) /u/ → [ʊ]

窗戶 chuānghu 창

包袱 bāofu 보자기

错处 cuòchu 틀린 곳

糊涂 hútu 멍청하다

12.2.2. 운모의 탈락

모음 운미가 탈락되거나 주요모음이 약간 변하는 경우

(1) ai → ɛ

明白 míngbai 이해하다

凉快 liángkuai 시원하다

脑袋 nǎodai 뇌

(2) ei → e

防备 fángbei 방비

妹妹 mèimei 누나

(3) ao → ɔ

热闹 rènao 시끌벅적하다

牢靠 láokao 튼튼하다

(4) ou → o

木头 mùtou 나무
时候 shíhou 때
朋友 péngyou 친구

위에서 언급한 경성자의 운모 변화와 같이 운미가 탈락되는 현상을 바탕으로 Duanmu(2000)는 약음절(즉 경성음절)의 음절구조를 CV(자음과 모음)로 제시하고 있다. 이에 대한 자세한 이론은 '6.5.2. 약음절의 길이와 구조'에서 이미 다루었으므로 참조하길 바란다.

12.2.3. 모든 운모의 탈락

경성화되는 한자의 운모가 아래 예에 같이 모두 생략되어 발음될 수 있다. 경성에 해당되는 고모음인 /i/, /u/, /ü/가 마찰음 [f, ɕ, s, ʂ]이나 파찰음 [ts, tʂh, tɕ, tɕh]의 뒤에 위치할 때, 이들 고모음이 간혹 무성음화하여 성대가 진동하지 않는 모음으로 변화는 경우가 있다. 모음은 원래 모두가 발음할 때 성대의 떨림이 있는 유성음이므로 경성에서 고모음이 무성음화되는 현상은 상당히 특이하다. 예를 들면 아래와 같다.

大夫 dàifu 의사 /tAifu/→ [taɪfu](운미의 이완모음화) → [taɪfʊ](경성에서 모음의 약화) → [taɪfʊ](경성에서 고모음의 무성음화, 모음 밑에 점으로 표기) → [taɪf](경성에서 모음의 탈락)

意思 yìsi 재미 /isi/ → [isɿ](설첨성모에서 모음의 설첨음화) → [jisɿ](영성모에서 고모음의 반모음 첨가) → [jisə](경성에서 모음의 약화) → [jisə](경성에서 고모음의 무성음화, 모음 밑에 점으로 표기) → [jis](경

성에서 모음의 탈락)

钥匙 yàoshi 열쇠 /iAu ʂi/ → [iau ʂʅ] → [iauʂ]
豆腐 dòufu 두부 /tɤu fu/ → [tou fʋ] → [touf]
心思 sīnsi 생각 /ɕin si/ → [ɕin sɿ] → [ɕins]

12.2.4. '们(men)'과 '么(me)'의 운모 탈락

'们(men)'과 '么(me)'의 운모도 모두 탈락되는 현상이 있는데, 여기서 따로 설명하고자 한다. 인칭대명사 뒤에 복수를 뜻하는 '们(men)'과 접미사 '么(me)'와 같은 경성자의 분절음에서 운모는 탈락되고 성모 [m]만 남아 앞의 음절과 결합하여 운미[-m]으로 된다. 이들 '们(men)'과 '么(me)'로 이루어진 쌍음절은 단음절로 축약이 되는데, 아래와 같은 10개의 예만 발견된다.

我们 wǒmen 우리들 /uɤ mɤn/ → [wo mən] → [wom]
他们 tāmen 그들 /thA mɤn/ → [thA mən] → [thAm]
你们 nǐmen 너희들 /ni mɤn/ → [ni mən] → [nim]
咱们 zánmen 우리들 /tsAn mɤn/ → [tsA mən] → [tsAm]

这么 zhème 이렇게 /tʂɤ mɤ/ → [tʂɤ mə] → [tʂəm]
那么 nàme 그렇게 /nA mɤ/ → [nA mə] → [nəm]
哪么 nǎme 얼마나 /nA mɤ/ → [nA mə] → [nəm]
怎么 zěnme 어떻게, 왜 /tsɤn mɤ/ → [tsən mə] → [tsəm]
什么 shénme 무슨 /ʂɤn mɤ/ → [ʂən mə] → [ʂəm]
多么 duōme 얼마나 /tuɤ mɤ/ → [two mə] → [twom]

위와 같이 '们'과 '么'가 들어가는 단어에서의 음가 탈락으로 인한 쌍음절의 단음절로의 축약 현상은 위의 10개에 국한되며, '学生们 xuéshēngmen 학생들'과 '同学们 tóngxuémen 학우들'과 같이 인칭대명사가 아닌 일반명사와 결합한 복수형 '们(men)'은 음가가 탈락되지 않는다.

13. 동형이음(同形異音) 현상

'동형이음(同形異音)' 현상이란 한 한자에 두 개 이상의 발음이 있는 것을 말하며 '일자다음(一字多音)' 현상이라고도 칭한다. 같은 한자에 대해 뜻은 같지만 소리만 달라지는 '동의이음(同义異音)' 현상과 뜻이 달라지면서 소리도 달라지는 '이의이음(異义異音)' 현상 두 가지로 크게 나눌 수 있다.

13.1. 동의이음(同義異音)

13.1.1. 문백이독(文白異讀)

문언음과 백화음의 차이는 고문서(古文书)를 읽을 때와 일상생활 대화에서 사용하는 발음의 차이로 기인된다. 같은 한자(汉字)라도 고문을 읽을 때와 구두어(口头语)에서 말하는 것과 다른 경우가 있는데 이것을 '문백이독(文白異讀)'이라 한다. 이런 현상은 북방방언보다 남방방언에서 많이 나타난다. 중국 방언 가운데 특히 민남방언(閩南方言)이 문백이독 현상이 가장 발달되었다.

문백이독(文白異讀)은 중국인조차 어느 것이 백화음이고 어느 것이 문언음인지 구별하기 힘들다. 문백이독은 습관적으로 오랫동안 사용하면서 형성된 것이다. 예를 들어 '车'는 구두어에서 chē로 발음되어 '火车 huǒchē 기차', '车站 chēzhàn 정거장', '汽车 qìchē 차' 등의 어휘에 해당되지만 비교적 오래 된 어휘인 '车马炮 jūmǎpào 거마포', '车府令 jūfǔlìng 거부령(秦나라 때의 관명)' 등은 jū로 발음된다. 정확한 중국어 구사에는 어휘에 따른 이와 같은 문백이독을 구별하여야 한다. 아래는 상용되는 문백이독의 용례를 열거한 것이다.

白	bái(白话音):	白天 báitiān 낮
		白糖 báitáng 백설탕
	bó(文言音):	辩白 biànbó 변명하다
百	bǎi(白话音):	一百 yībǎi 백
		百分比 bǎifēnbǐ 백분율
	bó(文言音):	百衲衣 bónàyī 가사/누더기
薄	báo(白话音):	很薄的 hěnbáode 매우 얇은 것
		薄纸 báozhǐ 얇은 종이
	bó(文言音):	薄命 bómìng 박명
		薄行 bóxíng 경박한 행위
剥	bāo(白话音):	剥皮 bāopí 껍질을 벗기다
		剥开 bāokāi 벗겨내다
	bō(文言音):	剥削 bōxuē 착취하다
		剥夺 bōduó 박탈하다
血	xiě(白话音):	流血 liúxiě 피를 흘리다
		血丝儿 xiěsīr 핏발

xuè(文言音): 血压 xuèyā 혈압

血统 xuètǒng 혈통

嚼 jiáo(白话音): 咬文嚼字 yǎowénjiáozì
어려운 문자를 사용하다

嚼舌 jiáoshé 이러쿵 저러쿵 지껄이다

jué(文言音): 咀嚼 jǔjué 씹다/음미하다

摘 zhāi(白话音): 读者文摘 dúzhěwénzhāi 다이제스트(잡지명)

摘要 zhāiyào 요약하다

zhé(文言音): 摘奸发伏 zhéjiānfāfú
간악한 이의 숨겨진 죄악을 들춰내다

角 jiǎo(白话音): 角度 jiǎodù 각도

角膜炎 jiǎomóyán 각막염

jué(文言音): 角力 juélì 겨루다

角色 juésè 배역/인물

熟 shóu(白话音): 熟人 shóurén 잘 알고 있는 사람

熟字 shóuzì 익숙한 글자

shú(文言音): 深思熟慮 shēnsīshúlǜ 심사숙고하다

绿 lǜ(白话音): 绿色 lǜsè 녹색

lù(文言音): 绿林 lùlín 녹색 산림

色 shǎi(白话音): 掉色 diàoshǎi 퇴색하다

sè(文言音): 色盲 sèmáng 색맹

色素 sèsù 색소

塞 sāi(白话音): 塞住 sāizhù 막다

塞子 sāizi 마개

sè(文言音): 闭塞 bìsè 막다

塞声 sèshēng 폐쇄음(예 p, t, k)

给 gěi(白话音): "他给我一本中文书" 주다

jǐ(文言音): 给假 jǐjià 휴가를 주다

给予 jǐyǔ 주다

车 chē(白话音): 火车 huǒchē 기차

车姓 chēxìng 차씨 성

jū(文言音): 车马炮 jūmǎpào 거마포

위의 예에서 보듯이 문백이독의 차이는 주로 모음 방면에 나타나고 있는데, 백화음은 모음이 비교적 저음에 속하고 문언음은 고음에 속한다. 또한 백화음은 운모 가운데 모음의 수가 많고 문언음은 적은 편이다.

13.1.2. 정독(正讀)과 우독(又讀)

일반적으로 하나의 한자가 하나의 뜻으로 사용되지만 두 가지 음이 병존하는 경우가 있다. 이들 두 음이 이미 습관적으로 그리 정해져서 어느 하나를 버리고 어느 하나를 취할 수 없는 상태가 되어 그 중 하나를 '우독(又读)'이라 주(注)를 단다. 두 가지 음 가운데 전통 운서(韻书)의 독법(读法)에 맞는 것을 '정독(正读)'이라 하고 나머지를 '우독(又读)'이라 한다. 우독(又读)이 발생하는 원인은 대략 두 가지로 나뉜다. 첫째, 지역에 따라 읽는 방법이 다르기 때문으로 이 경우는 북경음과 기타 관화(官话) 지역의 음에 차이가 발생하는 것이 대다수이다. 둘째, 고래(古

来)로 습관적으로 읽다가 굳어진 경우이다. 한 한자가 어느 어휘 속에서 사용되느냐에 따라 습관적으로 약간 다르게 읽는 경우가 있다. 예를 들어 '盾'字는 shǔn과 dùn 두 음이 있는데, '矛盾(모순)'은 máodùn 혹은 máoshǔn으로 발음되어 두 음이 다 가능하지만 '后盾 hòudùn 후원/뒷받침'과 '銀盾 yíndùn (상품) 은제 방패'는 습관적으로 dùn으로 읽는다.

13.2. 이의이음(異義異音) – 파음자(破音字 pòyīnzì)

'이의이음(異义異音)'이란 같은 한자이지만 글자의 뜻이 변함에 따라 음도 변하는 '파음자(破音字 pòyīnzì)'를 말한다. 중문학도들에겐 이의이음(異义異音)보다는 파음자(破音字)로 더 널리 알려져 있다. '동의이음(同义異音)'은 한 글자에 뜻은 같지만 여러 가지 소리가 있는 경우의 일자다음(一字多音) 현상이고, 이의이음(異义異音)은 한 글자이면서 뜻이 달라짐에 따라 소리도 달라지는 일자다음(一字多音) 현상이다. 사회가 발전하고 표현하려는 사상 감정이 풍부해졌지만 자체(字体)는 가능한 한 기존의 한자를 이용하되 음은 달리하여 새로운 의미를 부여하는 방식이다. 파음자의 종류는 아래와 같이 나눌 수 있다.

1) 품사가 변해서 자동적으로 음도 변하는 경우

长大 zhǎngdà 자라다 – 동사
长城 Chángchéng 만리장성 – 형용사

种田 zhòngtián 농사짓다 – 동사
种族 zhǒngzú 종족 – 명사

人为的 rénwéide 인위적 — 동사
为了 wèile 위하여 — 개사

困难 kùnnán 곤란하다 — 형용사
灾难 zāinàn 재난 — 명사

质量 zhìliàng 질량 — 명사
量体温 liáng tǐwēn 체온을 재다 — 동사

2) 외래어의 영향으로 그에 딱 맞는 한자음이 구비되지 않아 외국어의 발음과 비슷하게 모방하려는 경우로 외국의 인명(人名), 지명(地名), 관명(官名) 등 고유명사가 이에 해당된다. 이들은 비록 시대가 변해 발음이 많이 변했지만 원래의 발음을 유지하려는 경향이 있다.

单 dān 单一 dānyī 단일, 单純 dānhún 단순한
chán 单于 chányú 汉 나라 초기 흉노족의 군주
shàn 单 Shàn 성씨 单縣 Shànxiàn 지명

般 bān 一般 yībān 일반적인
bō 般若 bōrě 반야
pán 般乐 pánlè 노는데 연연하다

南 nán 东西南北 dōngxīnánběi 동서남북
nā 南无 nāmó, 산스크리스트어 'namas'의 음역

14. 대만(台湾) 국어(国语)의 발음 특징

대만은 중국인 이전에 본래 말레이폴리네시안족(Malaypolynesians)이 원주민으로 살았으며 명말(明末) 이후에야 천주(泉州) · 장주(漳州) · 조주(潮州)에서 이주해온 민남인(閩南人)이 최초로 대만에 거주한 중국인이다. 민남인보다 약 100년 정도 뒤인 청대(清代)에 객가인(客家人)이 이민을 오고, 1949년 모택동 공산당 정권에게 중국 본토를 넘겨준 장개석(蔣介石) 정부를 따라 대륙에서 피난온 외성인(外省人)이 마지막으로 대만에 들어온다. 이처럼 복잡한 이민사와 인구구성을 대만은 지니고 있다. 2012년 현재 대만 인구는 약 2,600만 명에 이르며 원적(原籍)에 따른 인구 비율은 민남인(閩南人) 73%, 외성인(外省人) 13%, 객가인(客家人) 12%, 원주민(原住民) 2%로 구성되었다.

이와 같이 대만인들은 민남어(閩南语) 계통의 대만어(台湾语)를 대다수 사용하고 일부 객가어(客家语)와 기타 방언을 모어(母语)로 사용하고 있다. 대만 인구의 73% 정도가 대만어를 모어로 사용하고 있으나 장개석 정부 이후 '국어(国语, 대만의 표준어로 대륙의 보통화와 비슷하게 발음은 북경어, 문법은 문인의 작품을 기준으로 삼으나 다만 어휘는 대만에서 자생적으로 만들어진 것이 포함되어 대륙의 보통화와 약간 다른 점이 있다)'의 대대적인 보급으로 말미암아 '국어'는 이제 노인층을 제외한 거의 모든 대만인들이 구사할 수 있는 언어로 부상하였다.

대만인들의 실제 '국어' 사용을 자세히 살펴보면 표준으로 삼고 있는 국어의 음운체계와는 다른 면모를 발견할 수 있다. 대만에서 규범으로 삼고 있는 '표준국어(標准国语)'의 음운은 바로 중국 대륙의 '보통화(普通话)' 음운과 똑같다. 성모(声母)에 관해 말하면 영성모(零声母)를 포함하여 22개 성모를 대만의 각 학교에서 규범화된 음운으로 배운다. 그러나 실제 대만인들은 일상생활 가운데 22개 성모가 제대로 발음되지 않고 대만 나름의 독특한 양상을 보이고 있다. 본 장의 제목이 '대만 국어의 발음 특징'이라고 하여 '음운'이 아닌 '발음'이라는 용어를 사용하는 이유가 바로 표준으로 삼고 있는 음운 체계와 실제의 발음이 다르기 때문이다.

사실 대만인들은 모어인 대만어, 객가어 그리고 기타 소수 방언들에 의해 국어를 구사하는데 간섭을 받고 있다. 이는 어느 언어를 배우든 나타나는 자연스러운 현상이다. 본 장에서는 모어를 대만어로 삼고 있는 대만인들이 어떻게 실제 국어를 발음하고 있는지를 주로 다루려 한다. 물론 대만인이 실제 국어를 어떻게 발음하느냐는 교육정도 · 연령 · 개인차 · 모어에 따라 달라질 수 있는데, 그 가운데 본 장에서는 대만어를 모어로 삼고 있는 사람 가운데 여러 계층에서 고루 관찰될 수 있는 현상을 자료로 삼는다.

14.1. 성모(聲母)의 특징

대만에서 표준으로 삼아 학교에서 가르치는 국어의 성모는 보통화와 완전히 일치하여 영성모를 포함하여 모두 22개의 성모가 있다. 하지만 생활 속에서 실제 발음시 다음과 같은 특징이 나타난다.

14.1.1. 권설음 [tʂ, tʂh, ʂ]와 설면음 [tɕ, tɕh, ɕ]의 설첨음 [ts, tsh, s]로의 합병

대만 국어 실제 발음 가운데 가장 특징적인 현상은 권설음 [tʂ, tʂh, ʂ]와 설면음 [tɕ, tɕh, ɕ]가 모두 설첨음 [ts, tsh, s]로 합병되어 발음된다.

- **권설음** [tʂ, tʂh, ʂ] → **설첨음** [ts, tsh, s]

  政治 tʂəŋ4 tʂɿ4 → tsəŋ4 tsu4

  出发 tʂhu1 fa1 → tshu1 hua1

  书店 ʂu1 tiæn4 → su1 tiæn4 혹은 tæn4

- **설면음** [tɕ, tɕh, ɕ] → **설첨음** [ts, tsh, s]

  讲话 tɕiaŋ3 xua4 → tsiaŋ3 hua4

  强国 tɕhiaŋ2 kuo2 → tshiaŋ2 ko[ɔ]2

  学习 ɕye2 ɕi2 → sie2 si2

그러므로 권설음과 설면음 성모가 설첨음으로 합병되는 현상을 아래와 같은 도표로 나타낼 수 있다.

tʂ, tʂh, ʂ ——→ ts, tsh, s
tɕ, tɕh, ɕ ——┘
ts, tsh, s ——┘

그러나 권설음 가운데 유성음인 'r'[r]은 대다수 [l]로 발음되고 소수 [dz] 혹은 [z]로 발음된다. 이는 표준음인 [r]이 같은 유음(流音) 계통인 [l]로 대체로는 현상으로, 대만어에는 [r]음이 없으므로 유성마찰음(有声摩察音) [ʐ]로 인식되면 [dz] 혹은 [z]로 발음된다고 볼 수 있다.

14.1.2. 순치음 [f]의 후음 [h]음화

대만어에는 원래 순치음 [f]가 존재하지 않으므로 대만 국어의 [f]는 비록 발음부위는 다르지만 발음방법이 같은 마찰음 계통인 후음(喉音) [h]로 발음되는 경향이 있다.

鸟飞 niao3 fei1 → niao3 huei1 혹은 niao3 hue1

廢话 fei4 xua4 → huei4 hua4 혹은 hue4 hua4

14.1.3. [n]과 [l]의 혼동

중국 남방의 방언에서 흔히 발견되는 [n]과 [l]의 혼동 현상이 대만 국어에서도 나타나고 있다.

好冷 xao3 ləŋ3 → hao3 nəŋ3

两个 liaŋ3 kɤ → niaŋ3 kɤ

男女 nan2 nü3 → lan2 lü3

이상 살펴본 봐와 같이 대만 국어의 발음은 대체적으로 모어인 대만어의 간섭으로 인하여 대만어의 성모 체계 가운데 유성음을 제외한 음가로 대체되어 발음되고 있음을 알 수 있다.

	〈표준 국어음과 실제음〉					〈대만어〉				
唇音	p	ph	m	f		p	ph	b	m	
舌尖音	t	th	l		n	t	th	l	n	
舌尖音	ts	tsh		s		ts	tsh	dz		s
舌面音	tɕ	tɕh		ɕ						
捲舌音	tʂ	tʂh		ʂ	r					
舌根音	k	kh		x		k	kh	g	ŋ	
喉音	ø					ø				h

박스 안에 있는 성모는 실제 대만인들이 발음하는 국어 성모로서 대만 국어의 표준음 성모 22개 가운데 13개로 축소되었다. 이렇게 음가가 축소된 현상은 한 마디로 발음하기 편한 모어인 대만어 성모 계통에 같거나 유사한 음으로 대체하였기 때문이다. 권설음과 설면음이 설첨음으로, [f]음이 [h]로, [n]음과 [r]음이 [l]로 대체되어 대만 국어의 독특한 현상을 이루고 있다.

14.2. 운모(韻母)의 특징

표준 국어의 '国语 [kuo2 y3]'를 실제 [ko2 i3]로 읽는 것에서 보듯이 '国 [kuo2]'가 [ko]로 발음되어 [u]음이 탈락되고, '语 [y3]'음이 [i3]로 대체되는 현상을 관찰할 수 있다. 또한 표준 국어의 '根本 [kən1 pən3]'의 '根'音이 실제 발음에 있어서 [u]가 첨가되어 [kuən1]으로 되는 현상이 있다. 표준 국어의 운모가 이와 같이 실제 대만 국어 속에서 탈락, 대체, 첨가되는 현상을 발견할 수 있다.

14.2.1. 음의 대체

14.2.1.1. [-n]과 [-ŋ]의 혼동

운미 [-in]과 [-iŋ] 및 [-ən]과 [-əŋ]이 혼동되어 발음되는 현상이 일어난다. 이들 두 쌍 가운데 첫 번째인 [-in]과 [-iŋ]의 혼동이 가장 심하다.

鯨鱼(고래) [tɕiŋ1 y2]
金鱼(금붕어) [tɕin1 y2] } [tsin1 i2]

新加坡(싱가포르) [ɕin1 tɕia1 pho1]→'星加坡' [ɕiŋ1 tɕia1 pho1]

医生(의사) [i1 ʂəŋ1] → [i1 sən1]

不能(~할 수 없다) [pu4 nəŋ2] → [pu4 nən2]

14.2.1.2. [y]의 [i]화

대만어에는 [y]가 존재하지 않아 국어를 배울 때 대만인들에게 상당한 어려움이 따르며 발음할 때 자연적으로 가장 인접한 [i]로 대체된다.

举行 tɕy3 ɕiŋ2 → tsi3 siŋ2
圆圆 yæn2 yæn2 → iæn2 iæn2
下雨 ɕia4 y3 → sia4 i3

14.2.1.3. [ɿ]와 [ʅ]의 [u]화

대만어에서는 설첨고모음(舌尖高母音)이 존재하지 않기 때문에 설첨모음 [ɿ]과 권설모음 [ʅ]을 편의상 [u]로 대체된다. 그러므로 아래와 같은 예가 종종 발견된다.

孩子 xai2 tsi → hai2 tsu
不知道 pu4 tʂʅ1 tao4 → pu4 tsu4 tao4
好吃 xao3 tʂhʅ1 → hao3 tshu1

14.2.1.4. [ə]의 [e]로의 대체

설첨비음운미 [-n] 앞의 [ə]음이 종종 [e]로 바뀌는 예가 보인다.

我们 wo3 mən → wo3 men
你们 ni3 mən → ni3 men
人们 rən2 mən → len2 men

14.2.1.5. [ɤ]의 [o]로의 대체

대만어에는 [ɤ]음이 존재하지 않아 그와 같은 높이에 있는 가장 비슷한 음인 [o] 혹은 [ɔ]로 대체된다.

合法 xɤ2 fa3 → ho[ɔ]2 h[ɸ]a3
可能 khɤ3 nəŋ2 → kho[ɔ]3 nən2

14.2.1.6. [əŋ]의 [oŋ]으로의 대체

순음 성모 [p, ph, m, f]와 운모 [əŋ]이 결합될 경우 운모 [əŋ]이 [oŋ]으로 발음되는 현상이 있다. 이는 대만어에서 운모 [əŋ]이 존재하지 않고 순음 성모 [p, ph, m, f]는 원래 원순성(圓脣性) 자질(資质)을 띠고 있어 [oŋ]으로 발음되기 쉬운 성질을 지니고 있기 때문이다.

崩 pəŋ1 → poŋ1
朋 phəŋ2 → phoŋ2
梦 məŋ4 → moŋ4
风 fəŋ1 → hoŋ1

14.2.2. 음의 탈락

14.2.2.1. [ei]와 [ie]에서 [i]의 탈락

대만어에는 [ei], [ie] 발음이 존재하지 않아 이 발음을 하는데 어려움이 뒤따른다. 이에 [i]가 생략된 음으로 보통 발음하는 경향이 있다.

钢铁 kaŋ1 thie3 → kaŋ1 the3
树叶 ʂu4 ie4 → su4 e4
黑 xei1 → he1
回家 xuei2 tɕia1 → hue2 tsia1

뿐만 아니라 天气 thiæn1 tɕhi4 → thæn1 tshi4로 바뀌는 예도 발견된다.

14.2.2.2. [uo]와 [ou]에서 [u]의 탈락

[uo]와 [ou] 발음 또한 대만어에 존재하지 않아 [u]가 생략된 [o] 혹은 [ɔ]로 발음된다. 대만어는 음소(音素)로 [o]와 [ɔ]의 구분이 있지만 표준 중국어는 그 구분이 없으므로 실제 대만 국어 발음에서는 [o] 혹은 [ɔ]의 변이(变異)가 나온다.

说明 ʂuo1 miŋ2 → so[ɔ]1 miŋ2
请坐 tɕhiŋ3 tsuo4 → tshiŋ3 tso[ɔ]4
上楼 ʂaŋ4 lou2 → saŋ4 lo[ɔ]2
踢球 thi1 tɕiou2 → thi1 tsio[ɔ]2

14.2.2.3. [ye]에서 [y]의 생략

이미 언급했듯이 대만어에는 [y]의 발음이 존재하지 않으므로 국어 발음에서 종종 그와 유사한 [i]로 대체되는 경우가 있다. 이와 유사한 경우로 [ye] 또한 아예 [e]로만 발음한다.

学生 ɕye2 ʂəŋ → se2 səŋ1
省略 ʂəŋ3 lye4 → səŋ3 le4

14.2.3. 음의 첨가

실제 대만 국어 발음에서 음의 첨가 현상은 그리 많이 보이지 않는다. 주로 설근음(舌根音) 혹은 순음(唇音)과 [ən] 운모 사이에 [u]가 첨가되

는 현상이 있다.

很好 xən3 xao3 → huən3 hao3
本来 pən3 lai2 → puən3 lai2

이는 설근음과 순음 뒤에 [u]가 자동적으로 첨가되는데 유리한 조건을 지니고 있기 때문이다.

14.2.4. 아화운(兒化韻)의 탈락

북경어에서는 아화운(兒化韻 érhuàyùn)이 보편화되었지만 대만 국어에서는 잘 알려진 바와 같이 발달되지 않았다. 위수명(魏岫明 1984: 42)은 대만의 武功 초등학교 1학년 7명을 대상으로 아화운(兒化韻)에 대해 조사를 했는데 모두 아화사미(儿化词尾)를 사용하지 않는다고 하였다. 그는 아래와 같이 고의적으로 아화운(兒化韻)의 낱말로 그들에게 질문을 하였으나 모두 아화운(兒化韻)을 지닌 낱말로 대답하지 않았다.

(1) 你喜欢小猫儿还是小狗儿?
Nǐ xǐhuan xiǎomāor háishi xiǎogǒur?
너는 새끼 고양이를 좋아하니 아니면 강아지를 좋아하니?

(2) 你喜欢吃桃儿还是李儿?
Nǐ xǐhuan táor háishi lǐr?
너는 복숭아를 좋아하니 아니면 자두를 좋아하니?

이에 대한 대답으로 모두 아운미(兒韻尾)가 없는 '小猫', '小狗', '桃子', '李子'로 대답하였다. 이로 보아 대만 어린이들에겐 아화운(兒化韻)

의 단어에 대한 청취는 그리 문제가 되지 않으나 실제 입으로 구사할 경우에는 아화운(兒化韻)이 되지 않은 단어로 발음하고 있음을 알 수 있다.

아화운(兒化韻) 사용에 대한 태도에 대해 위수명(魏岫明 1984: 41)은 22명의 대학생을 대상으로 아래와 같은 조사 결과를 내놓았다.

1) 아화운(兒化韻)의 말에 대한 느낌은? : ① 매우 자연스럽다 (2명) ② 자연스러우며 받아들 일 만하다(10명) ③ 그다지 자연스럽지 않다(8명) ④ 매우 부자연스럽다(2명)
2) 평상시 말할 때 아화운(兒化韻)을 사용하는가? : ① 늘 사용한다(0명) ② 때때로 사용한다(8명) ③ 거의 사용하지 않는다(9명) ④ 전혀 사용하지 않는다(5명)

위와 같이 막 국어를 배우는 초등학생은 물론 국어 대해 상당한 교육을 받아 자유로운 구사력을 갖고 있는 대학생까지 아화운(兒化韻) 사용에 자연스럽지 않다면 국어 교육을 상대적으로 적게 받은 일반인들에겐 더욱 심할 것으로 보인다.

14.3. 성조(聲調)의 특징

북경어 성조의 조치(调值)는 주지하다시피 1성은 55, 2성은 35, 3성은 214, 4성은 51이지만 대만 국어는 대체적으로 그 조치(调值)에 있어서 북경어보다 고저승강(高低昇降)의 굴곡이 약하고 어조(语调)가 대체로 평담하다. 1성은 5도보다 약간 아래로 처지고, 2성은 높이가 5도까지 못 미치고, 3성은 전반성만 발음하고 후반성은 생략하며, 4성은 내리는 폭이 충분하지 않다. 이렇게 사성(四声)의 조치(调值)가 분명치 않아 높낮이와 장단의 편폭이 축소되어 전체적으로 어조가 단조로워지는 현상이 발생한다. 네 성조 가운데 무엇보다도 3성은 가장 심각한 상황이다.

14.3.1. 3성 214를 전반성(前半聲) 21만 발음

3성은 제1, 2, 4성 앞에서 전반성의 21만 발음되는 것이 표준 중국어에서의 일반적인 변독음변(連讀变调)의 규칙이지만 대만 국어에서는 위와 같은 규칙 이외에 3성이 앞에 있든 뒤에 있든 모두 일률적으로 전반성 21만 발음하고 후반성 14를 발음하지 않는다.

很好 xən214 xao214 → huən[hen]21 hao21
人口 rən35 khou214 → lən35 kho21
下雨 ɕia51 y214 → sia51 i21

14.3.2. 경성(輕聲)를 본조(本調)로 발음

대만 국어에는 경성이 발달되지 않았다. 북경 중국어에서 경성으로 읽히는 경성자들이 본조(本调)로 발음되는 예가 많다. 경성으로 고정된 문말어기조사 '呢 nc, 啊 a, 吗 ma', 구조조사 '的 do, 得 do', 시태조사 '了 le, 着 zhe' 등은 그 수도 적고 이해하기도 쉬워 경성으로 읽는데 그리 문제가 되지 않지만 다음절어는 어떤 때는 경성으로 읽고 어떤 때는 본조(本调)로 읽어 그 규칙을 찾기가 쉽지 않아 대만인들에게 상당한 혼란을 주고 있다. '爸爸 bàba', '妈妈 māma', '哥哥 gēge'와 같은 친족 호칭 이외의 거의 모든 다음절어는 경성으로 읽지 않는다. 북경 중국어에서 두 번째 한자를 경성으로 발음하는 '东西 dōngxi 물건', '先生 xiānsheng 선생', '舌头 shétou 혀', '地方 dìfang 곳' 등의 단어에 대해 대만 국어에서는 어떤 사람은 경성으로 어떤 사람은 본조로 발음한다.

대만인들이 경성자를 잘 발음하지 못하는 원인은 대략적으로 말해 대만어는 경성자가 발달되지 않은 방언으로 북경 중국어 경성자에 익숙하지 않으며, 학교 교육 현장에서 모든 한자를 본조로 크게 읽도록 훈련받아 일상 생활에서도 본조로 발음하는 경향이 있기 때문이다. 그리고 '时候 shíhou 때', '太阳 tàiyang 태양', '衣服 yīfu 옷', '打听 dǎting 물어보다' 등등의 한자들은 표준 중국어에서조차 두 번째 음절을 경성으로 읽어도 좋고 본조로 읽어도 무방하므로 대만 국어에서는 아예 본조로만 말하는 경우가 많다.

15. 중국어 음운의 시대 구분과 연구 자료

본 장에서는 상고시대부터 현대까지 중국어 음운사의 시대 구분과 주요 연구 자료에 대해 간략히 설명하고자 한다.

중국어의 음운사 시대 구분은 학자마다 다양한 의견이 있지만 대략 (1) 상고음(上古音), (2) 중고음(中古音), (3) 근대음(近代音) (4) 현대음(现代音)으로 크게 나눌 수 있다. 그러나 각 시대별로 또한 세분할 수 있다.

15.1. 상고음(上古音 Old Chinese)

상고음의 재구(再构, reconstruction)는 먼저 중고음을 근간으로 출발해야 한다. 현대음은 상고음과 너무나 거리가 멀어 상고음 재구에 도움이 되지 않는다. 다만 민어(闽语)의 백화음(白话音) 일부가 상고음 성분을 약간 보존하고 있는 것으로 알려져 있다. 상고음 재구에는 중고음 재구가 우선 마련되어야 가능하며, 중고음을 바탕으로 선진시대와 한나라의 언어학 자료를 대조하여 상고음을 재구하게 된다.

15.1.1. 선진시대(先秦時代)

성모(声母) 재구(再构)에는 해성자(谐声字, 즉 形声字)가 주요 자료가 된다. 운모(韻母) 및 성조(声调) 재구에는 《시경(诗经)》과 《초사(楚辭)》에 나타나는 압운자(押韻字)가 주요 자료가 된다. 특히 《초사》는 초방언(楚方言) 재구에 활용되고 있다.

15.1.2. 양한(兩漢)

양한 시대의 성모(声母) 특징을 대표하는 자료가 충분하지 않아 선진시대에서 자료로 사용한 해성자를 자료로 그대로 사용한다. 운모와 성조 연구에는 한대(汉代)의 시(诗) 나타나는 압운(押韻) 그리고 《설문해자(說文解字)》의 독음(读音), 양웅(揚雄)의 《방언(方言)》(당시 방언 연구 자료) 등이 한대(汉代)의 음을 나타내는 자료이다.

상고음 시대에는 운서(韻书)가 아직 나오지 않았고 기타 연구 문헌도 부족하고, 중고음을 바탕으로 재구하므로 학자마다 다양한 재구음을 제시하고 있다. 하지만 중고음부터는 운서도 있고 한중일월(韓中日越) 한자음도 참고할 수 있게 되어 학자마다 약간의 차이는 있지만 비교적 일치된 음가를 재구하고 있다.

15.2. 중고음(中古音 Middle Chinese)

《절운(切韻)》계통의 운서에 나타나는 반절(反切)이 가장 중요한 자료로 각 한자 독음 추정에 밑거름이 되고, 등운도(等韻圖)를 통해 대략적인 음가의 부류를 알 수 있다. 그리고 현재 각 중국 방언의 음가 및 중고음에 기원을 두고 있다고 알려진 한국 · 일본 · 월남의 한자음이 중고음의 음가를 재구하는 직접적인 자료가 된다. 물론 당시 시문(诗文)의 압운(押韻)을 통해 각 작가들의 지역 방언 특징을 살필 수 있다.

Pulleyblank(1984)에 따르면 중고음을 전기중고음(前期中古音 Early Middle Chinese)과 후기중고음(后期中古音 Late Middle Chinese)으로 나누고 있다. 이들의 시기와 자료를 소개하면 아래와 같다.

15.2.1. 전기중고음(前期中古音 Early Middle Chinese)

시대적으로 위진남북조(魏晋南北朝), 수(隋), 당초(唐初)를 가르킨다. 자료에는《절운(切韻)》과 일본 한자음 가운데 오음(吳音)이 그 주요 자료이다.

15.2.2. 후기중고음(后期中古音 Late Middle Chinese)

당말(唐末)과 송대(宋代)의 음으로 등운도(等韻图)와 한중일월(韩中日越 - 일본 한자음은 汉音만 포함)의 한자음(汉字音)이 자료가 된다.

15.3. 근대음(近代音)

현대 북경음의 기반은 원대(元代)의 수도인 대도(大都)에서 형성되었다. 원대 대도의 음을 반영하는 운서는 주덕청(周德淸)의《중원음운(中原音韻)》이다. 당시 북경어의 가장 큰 변화는 입성(入声)이 사라진 점이다.

(1) 원대(元代):《중원음운(中原音韻)》
(2) 명청대(明淸代):《등운도경(等韻圖經)》,《운약이통(韻略易通)》,《오방원음(五方元音)》

15.4. 현대음(現代音)

상고음에서 근대음까지의 언어자료는 모두 문헌 속에 보이는 자료이지만, 현대음은 현재에 사용되는 살아있는 언어가 바로 그대로 자료가 된다. 고대음은 고인(故人)들의 발음을 들을 수 없으므로 문헌을 통해서 그 당시 음을 재구(再构)하지만 현대음은 필드워크(field work)를 통해 음을 묘사하여 음의 구조와 특징을 살필 수 있다. 현재 보통화(普通话)를 주 대상으로 연구하는 표준어 연구 분야와 각 지역의 각종 방언을 연구하는 방언학 분야로 나눌 수 있다.

參考文獻

金錫得 · 金次均 · 李基白 共著, 1987,《国语音韻论》, 서울: 韩国放送大学出版社.

김진우, 1985,《언어》, 서울: 탑출판사.

藤堂明保, 1980,《中国语音韻论》, 东京: 光生馆.

______ · 相原茂 共著, 1985,《新訂中国语概论》, 东京: 大修馆书店.

徐世榮, 1993,《普通话语音常识》, 北京: 语文出版社.

薛鳳生, 1986,《国语音系解析》, 台北: 台湾学生书局.

吕叔湘, 1983,《汉语拼音方案的制訂和應用》, 北京: 文字改革出版社, 42-52, 原載〈汉语拼音方案淺说〉,《中国语文》1958年 3月号.

叶德明, 1991, <台湾化国语之现象與影響>,《華文世界》61: 19-26.

叶蜚声 · 徐通鏘, 1981,《语言学綱要》, 北京: 北京大学出版社.

吳宗濟, 1980, 〈试论普通话语音的區别特徵及其相互关係〉,《中国语文》第5期

______ 主編, 1992,《现代汉语语音概要》, 北京: 華语教学出版社.

吳宗濟 · 林茂燦 主編, 1989,《实驗语音学概要》, 河北: 高等教育出版社.

王力, 1979, 〈现代汉语语音分析中的几个问题〉,《中国语文》4: 281-286.

______, 1983,《汉语拼音方案的制訂和應用》, 北京: 文字改革出版社, pp: 36-41, 原載〈汉语拼音方案草案的優点〉,《文字改革》1958年 1月号.

王理嘉, 1983, <北京话的中元音音位>,《语文研究》第1期(总第6期).

______, 1985, <北京话的高元音音位>,《语文研究》第1期(总第14期).

______, 1985, <北京话的低元音音位>,《语文研究》第4期(总第17期).

______, 1991,《音系学基礎》, 北京: 语文出版社.

王士元 編著, 1988,《语言與语音》, 台北: 文鶴出版有限公司.

陸致極, 1987, 〈试论普通话音位的區别特徵〉,《语文研究》第4期.

陸又新, 1991, <国语教学中常见的语音错誤及矯正方法之探討>,《屏东师範学报》4: 256-279.

魏岫明, 1984,《国语演变之研究》, 国立台湾大学文史叢刊67号.

殷煥先 · 董紹克, 1990,《实用音韻学》, 濟南: 齐鲁书社出版.

李基文 · 金鎮宇 · 李相億 共著, 1984,《国语音韻论》, 서울: 学研社.

李明, 石佩雯 編著, 1986,《汉语普通话语音辨正》, 北京: 北京语言学院出版社.

李珍華 · 周长楫 編撰, 1993,《汉字古今音表》, 北京: 中華书局出版.

이해우, 2000, 〈现代中国语 母音의 音声 表记와 音韻 规则〉,《中国语文学》 35: 283-303.

______, 2002, 〈汉语拼音字母의 音声 表记에 관한 고찰〉,《中国言语研究》 14: 223-243.

林焘, 1983, 〈探討北京话轻音性质的初步实驗〉,《语言学論叢》 第10輯.

______, 1990,《语音探索集稿》, 北京: 北京语言学院出版社.

林焘 · 王理嘉, 1985,《北京语音实驗錄》, 北京: 北京大学出版社.

______, 1992,《语音学教程》, 北京: 北京大学出版社.

林茂燦 · 顔景助 · 孫国華, 1984, 〈北京话两字組正常重音的初步实驗〉,《方言》1984.1: 57-73.

鄭傑麟, 1993, <国语教学音变的研究>,《屏东师範学院学报》, 第6期 45-192.

鄭良偉, 1987,《從国语看台语的发音》, 台北: 台湾学生书局.

趙金銘 主編, 1997,《语音研究與对外汉语教学》, 北京: 北京语言文化大学出版社.

趙元任 著 · 丁邦新 譯, 1980,《中国话的文法》, 台北: 台湾学生书局.

竺家寧, 1991,《声韻学》, 台北: 五南图书出版有限公司.

黄伯榮 · 廖序东 主編,《现代汉语》, 北京: 高等教育出版社.

Cheng, Chin-Chuan. 1973. A Synchronic Phonology of Mandarin Chinese. Hague: Mouton.

Chomsky, Noam and Morris Halle. 1968. *The Sound Pattern of English.* New York: Harper and Row

Dreher, Hohn J and Lee Pao-Ch'en. 1966. *Instrumental Investigation of Single and Paired Mandarin Tonemes*. California: Advanced Research Laboratory.

Duanmu, San. 2000. *The Phonology of Standard Chinese*. Oxford: Oxford University Press.

Howie, John. 1976. *An Acoustic Study of Mandarin Tones and Vowels.* London: Cambridge University Press.

Hyman, Larry M. 1975. *Phonology: Theory and Analysis.* New York: Holt, Rinehart and Winston

______. 1975. "A Review on *A Synchronic Phonology of Mandarin Chinese.*" JCL 3.1:88-99. (억익상 옮김, 1996.《현대북경어 생성음운론》. 서울: 학고방, 뒷부분에 번역 수록됨)

Kratochvil, Paul. 1968. *The Chinese Language Today: Features of an Emerging Standard.* London: Hutchingson University Library.

Ladefoged Peter. 1975. *A Course in Phonetics*. New York: Harcourt.

Lu, Zhiji. 1985. "Notes on the Structure of Finals and the Vowel System of Mandarin Chinese." JCLTA 10.2:33-40.

Norman, Jerry. 1988. *Chinese.* Cambridge: Cambridge University Press.

Pulleyblank. 1984. *Middle Chinese: A Study in Historical Phonology*. Vancouver: University of British Columbia Press.

Schane, Sanford A. 1973. *Generative Phonology*. London: Prentice-Hall.

Wang, William S.-Y. 1967. 'Phonological Features of Tone.' IJAL 33.2: 93-105.

이해우(李海雨)

충남대 중어중문학과 학사
연세대 대학원 중어중문학과 석사
미국 하와이대 동아시아어문학부 박사
북경대, 홍콩중문대 수학
뉴질랜드 오클랜드대 아시아학부 방문교수
현재 우석대학교 중국어과 교수

【저서 및 논문】
『중국어문법작문』(학고방),
『중국어 발음연습』(신아사) 외 2편의 저서와
「《彙音妙悟》를 통해본 18세기 泉州 閩南 地域 白話音의 特徵」
(『中國言語研究』21호) 외 40편의 논문 발표

현대중국어 음운론

1판 1쇄 발행 _ 2013년 1월 10일
1판 2쇄 발행 _ 2017년 12월 10일

저　　자 • 이 해 우
발 행 인 • 정 현 걸
발　　행 • 신 아 사
인　　쇄 • 예지인쇄
출판등록 • 1956년 1월 5일 (제9-52호)
주　　소 • 서울특별시 은평구 통일로 59길4 2F
전　　화 • 02)382-6411 · 팩스 02)382-6401
홈페이지 • www.shinasa.co.kr
E-MAIL • shinasa@daum.net

ISBN 978-89-8396-794-7(93720)

정가 12,000원